SHODENSHA
SHINSHO

金儲けの精神をユダヤ思想に学ぶ

副島隆彦＋SNSI副島国家戦略研究所

祥伝社新書

まえがき

みんな金持ちになりたい。

しかし、ほとんどの人はなれないで終わる。それはなぜなのか。それはユダヤ人の精神（思想）が分かっていないからだ。

この本は、「金儲《もう》けの精神を、ユダヤ人あるいはユダヤ思想《しそう》に学ぼう」という本である。ユダヤ思想について、いろいろな角度から論究している。

私たちは、みんな金儲けがしたい。貧乏は嫌《いや》だ。みんな金儲けをして、いい生活をしたいのである。ところが現実には、私たちのほとんどが貧しい。貧しいまま人生を終える。

もちろん、皆が皆、貧しいわけではない。たしかに世の中には「お金持ち」と呼ばれる人々がいる。簡単に考えれば、大きくて立派な家に住んでいる人たちのことだ。あるいは、高級車に乗っているとか、いい洋服を着ている人のことをお金持ちという。

自分もそういう人になりたい、と思いながら、ところが現実の私たちは貧しいままで人生を終わる。それはなぜなのか。私は、私の弟子の研究員たちと一緒に、本気でこのことを考えた。

そして分かったことは、どうも、ユダヤ人とかユダヤ教（Judaism ジュダイズム。これはそのままユダヤ思想《しそう》と訳してもよい）なるもの、を私たちが分かっていないからだ。

すべての世界の大宗教の中で、ユダヤ教だけが、もともと初めからお金儲けをすることを認めていた。ユダヤ教だけが、金儲けを、根本の所で罪悪視しなかった。他のキリスト教も、イスラム教も、アジアの仏教も、中国の儒教《じゅきょう》も道教《タオイズム》（これの日本版が神道《シントウイズム》）も、根本のところで金儲け（金銭欲望）を嫌《きら》って罪悪視している。

ユダヤ教だけが、資本主義（キャピタリズム）をもともと全面肯定している宗教であり、思想なのだ。近代資本主義《モデルネ・カピタリスムス》の精神《ガイスト》をつくったのはプロテスタンティズム（キリスト教の新版）ではない。ユダヤ教《ジュダイズム》（ユダヤ思想と同義）である。

私たちは羽入辰郎《はにゅうたつろう》著『マックス・ヴェーバーの犯罪』（2002年、ミネルヴァ書房刊。2003年、山本七平賞《やまもとしちへいしょう》受賞）に触発されて、この大著を大いに支持する立場に立って、8人の若い研究員たちが、さまざまな角度から個々に書いた。この本はSNSI《エスエヌエスアイ》副島国家戦略研究所の第一回論文集である。多くの人に注目していただきたい。

2005年1月

副島隆彦《そえじまたかひこ》

新書版の刊行に寄せて〈書下ろし〉

ユダヤ思想の中心、マイモニデス

副島隆彦

この本は、2005年に出された単行本『金儲けの精神をユダヤ思想に学ぶ』を校訂し、新書版にあらためたものである。「まえがき」でも書いたとおり、元の『金儲けの精神をユダヤ思想に学ぶ』（英文では'The Spirit of Jewish Capitalism, 2005'）は、我々SNSI《エスエヌエスアイ》（副島国家戦略研究所）の第一回論文集であった。

この本の巻末に、6ページにわたって「ユダヤ人とユダヤ思想史年表」を載《の》せてある。この年表は、本文第6章の「ユダヤ教が果たしたカルヴァンへの影響」を書いた関根《せきね》和啓《かずひろ》君がつくってくれた。関根君は大変すぐれた若い研究者である。この年表が、実は非常に重要なのだ。

私たちSNSIによる『金儲けの精神をユダヤ思想に学ぶ』が世に出て、13年が経《た》ったのだが、今現在も、ヨーロッパやアメリカの若手ですぐれた政治思想研究者たちの間で、ユダヤ思想（ジュダイズム Judaism ユダヤ教とも訳せる）の研究が隆盛《りゅうせい》している。そして、若い優秀な欧米知識人たちは、マイモニデス（1135—1204）という思想家のことを、とりわけ熱心に勉強している。全《ぜん》ユダヤ思想研究の中で、このマイモニデスの研究が一番人気なのだ。私たちSNSIは13年前に出したこの本で、マイモニデスについて書いている。P305からの年表を見てほしい。

なぜイスラム教徒のふりをしたのか

マイモニデス Moses《モーセス》 Maimonides《マイモニデス》 は、西暦1190年に、エジプトのカイロにいて『迷える者たちへの導《みちび》きの書（迷える者への手引き）』という本を、アラビア語で書いた。

マイモニデスはユダヤ人であったが、表面上はイスラム教徒に改宗しているイスラム学者だった。真実の姿は、当時のユダヤ人（ユダヤ教徒）たちが中東（ミドル・イースト）全

マイモニデス（1135—1204）の書いた本が重要である

隠れユダヤ人のマイモニデスは、イスラム教徒のふりをして『迷える者たちへの導きの書』をアラビア語で書いた。ここにユダヤ思想の中心部分があり、イスラム世界でも爆発的に読まれた。

表紙がヘブライ語で記されたもの（成立時期や場所は未詳）

1348年にバルセロナで出された挿絵のある版

体に張り巡らした、情報と知識《インテリジェンス》の秘密ネットワークの大《だい》組織者であったらしい。このことは鈴木規夫《すずきのりお》愛知大学教授が私に教えてくれた。このアラビア語の原書を英語に直した書名は、'The Guide for the Perplexed《ザ ガイド フォー ザ パープレックスト》'である。

この『迷える者たちへの導きの書』は、人類の知識の歴史の中で、きわめて重要な本である。ここでユダヤ思想の根本をなす合理《ごうり》（ratio《ラチオ》）という考え方、あるいはreason《リーズン》（理《り》性《せい》）という考え方が出現したと言っていい、最大級に重要な本なのだ。ラチオ（ラシオ、レイシオ）とリーズン（レゾン）については、P50以下で詳しく説明する。

『迷える者たちへの導きの書』は、当時（12世紀末から13世紀初め）の中東のアラビア人（アラブ人）＝イスラム教徒だけでなく、キリスト教徒やユダヤ教徒の思想家たちの間でも、爆発的に読まれた。初めから世界三大宗教は、混ざっているのだ。

なぜ、ラチオ（合理）とリーズン（理性）という、現在でもなお、すべての知識人層にとってのビッグ・ワードである思想がアラビア語で書かれ、イスラム教のふりまでしたのか。このことが非常に大事だ。

実は、マイモニデスは隠れユダヤ人（closet Jew《クローゼット・ジュー》）である。そしてイスラム教の熱心な思想家のふりをしていた。この『迷える者たちへの導きの書』を、マイモニデスは当時のアラビア語で書いたのだが、そのアラビア語は、イスラム教圏《けん》に住むユダヤ人たちが使うアラビア語であり、方言に近い。これをジュデオ・アラビック Judeo-Arabic と言う。このことから分かるのは、もともと、というか、そもそもユダヤ教とイスラム教は混ざっているのである。

1190年に書かれたマイモニデスのこの大著（本当に分厚い）は、14年後の1204年には、ユダヤ人が使うヘブライ語 Hebrew《ヘブリュー》 に翻訳された。ヘブライ語での書名は、『モレー・ネブヒム』'Moreh Nevukhim'である。その後《ご》、早い時期にラテン語やイタリア語にも翻訳されたことが、研究者たちの調査で明らかになっている。イタリア語への翻訳はずっと後《のち》のことで、1583年だった。

マイモニデスは、現在の欧米のすぐれた若い知識人たちの間では、ラムバム RaMBaM という言葉で呼ばれている。マイモニデスのヘブライ語読みである「ラビ・モーシェ・ベン＝マイモーン」の頭《かしら》文字から「ラムバム」になる。

マイモニデス（ラムバム）は、前述したとおり今のエジプトのカイロで暮らしていた。秘密結社を持っていて、ユダヤ人の秘密のスパイ組織全体の大親分でもあったと言われている。彼は、イスラム思想とユダヤ思想、両方をまたにかけた最大級に重要な思想家なのである。

十字軍の和平交渉の場に招待されたマイモニデス

歴史的な背景を説明しよう。

この『迷える者たちへの導きの書』が出た1190年という年に、イギリス（イングランド）国王のリチャード1世（この人は〝ライオン・ハート〟と呼ばれて、日本語では〝獅子心《ししん》王《おう》〟と言う。ライオンのような、恐ろしい精神と同時に、優しい心を持っていた、すぐれた王様という意味だ）が、第三次十字軍でエルサレムに向けて出発した。2万人の大軍を率《ひき》いての遠征《エクスペディショナリー》である。

この第三次十字軍（1189―1192）には、フランスのフィリップ2世やドイツのフリードリッヒ1世（神聖ローマ皇帝でもあった）らヨーロッパの国王たちも、勢ぞろいで参戦している。キリスト教徒の諸国が、イスラム教徒が奪還、陥落《かんらく》させた（1187年）聖地エルサレム（この都市はユダヤ教、キリスト教、イスラム教の三大宗教にとっての聖地である）を再《さい》奪還しようと、ローマ教皇《きょうこう》の旗振りの下《もと》、軍事遠征してきた。ヨーロッパ人たちも必死である。

第三次十字軍で、この二人が平和条約を結んだ。
その場にマイモニデスもいた

リチャード1世（ライオン・ハート。獅子心王）

サラディーン

リチャード1世は、地中海を船で渡って中東のパレスチナ（今のイスラエル）に上陸した。1191年には、アッコ（ン）Akko（n）という貿易の拠点都市を攻め落とした。翌年の1192年に内陸のエルサレムへと迫った。このとき、対決したのがサラディーン（サラーフ＝アッディーン）である。サラディーンは、イスラム教徒勢力全体の軍隊をすべてまとめ上げていた大将軍で大英雄だ。

このサラディーンと、第三次十字軍のリチャード1世は、なんと和解し合って休戦協定を結び、1192年にカイロで平和条約を結んだのである。前代未聞の大逆転劇であった。この二人の大英雄の前にマイモニデスが招待されているのである。前述した『迷える者たちへの導きの書』が出版されて、爆発的な評判を得て2年後である。

マイモニデスは、獅子心王、イギリス国王リチャード1世と、イスラム勢力の全体の最高司令官であるサラディーンの、両方の主治医を務め、実際に病気の治療もしたらしい。キリスト教とイスラム教の戦いである第三次十字軍の和平交渉の場に、マイモニデスが招かれていた。これは世界史上で、ものすごく重要な事件である。

なぜ第三次の十字軍運動、すなわち今の国連軍（The《ザ》 UN《ユーエヌ》 Force《フォース》, PKO《ピーケイオウ》）のようなものが急に組織され、ヨーロッパじゅうの王や勇敢な若い貴族の息子たちが、騎士道《シュバリエ》精神を奮い起こして、大挙してイスラム世界（アラブ人世界）へ進撃してきたかというと、その２年前の１１８７年に、エルサレムがサラディーンによって大陥落《かんらく》したからだ。だから慌《あわ》てて、ローマ教皇のグレゴリウス８世の命令（宗教会議の決議）で、第三次十字軍が組織された。ところが一転して平和条約（ピース・トリーティ）を結んだのは１１９２年だから、５年後である。ちょうどその間に、大評判の本『迷える者たちへの導きの書』が書かれている。

　エルサレム王国の陥落というのは大変なことで、初回の第一次十字軍は１０９６年に組織された。当時、エルサレムを支配していたイスラム勢力はセルジューク朝《ちょう》である。トルコ系の山岳部族の帝国である。アッバース朝のカリフ（イスラム教の最高指導者）からスルタン（アラビア語で「権威」の意味）の称号を与えられて、実際上、イスラム教徒の国の王になっていた。

　この第一次十字軍は、陸路でシリア、レバノン（かつてのフェニキア王国）を南下して、３年後の西暦１０９９年に聖地エルサレムを占領した。イスラエル（＝パレスチナ）の地中海沿岸一帯に西洋白人の王様たちの軍隊がどんどん到着した。３年かけて、エルサレムをアラビア人＝イスラム教徒から奪い取り、エルサレムに「エルサレム王国」という西欧白人のキリスト教の王国（国王はボードワン1世）をつくったのである。だから十字軍運動とは、アラビア人＝イスラム教徒から見たら、明らかに白人による侵略戦争である。

ただし西欧白人のエルサレム王国は、イエス・キリストの聖地として、であり、ユダヤ人（ユダヤ教）の聖地として、ではない。ところが、それから88年後の1187年に、アラビア人にエルサレムを奪い返された。十字軍（キリスト教徒）はすべて海岸線の港の砦《とりで》に追いつめられた。このあと約100年後の1291年にアッコ（ン）港が落ちて、十字軍運動は終わった。約200年続いた壮大な徒労の世界戦争だった。

この大敗北の打撃が、1307年10月13日の「魔の13日の金曜日」Friday《フライデイ》 the《ザ》 13th《サーティーンス》 のテンプル騎士団（十字軍の主力部隊。従士《ナイト》＝騎士《ナイト》という平民部隊）への大弾圧（ヨーロッパ中の都市で）となって現われた。このあとが都市商工民によるフリーメイソン秘密結社づくりの運動（1360年、英ウインザー城の石工《いしく》たち。反《はん》ローマ教会、反《はん》英国国教会）となって連綿とつながっていったのである。

エルサレム王国を陥落させた（1187年）イスラムの大英雄が、サラディーンだ。サラディーンはこのあと、エジプトを中心にアイユーブ朝という王朝（小帝国）を開く（1260年にダマスカスでモンゴル軍のフラグ汗《ハーン》が滅ぼす）。サラディーンは、クルド人だと言われている。今でもアラビア人たちにとって大英雄である。

強欲の思想の肯定

『迷える者たちへの導きの書』が書かれて爆発的に人気が出てから14年後、1204年に、〝反《はん》マイモニデス運動〟がアラブ世界で沸《わ》き起こる。巻末の年表では「マイモニデス事件」とし記述してあるので参照してほしい。反マイモニデス運動については、P18であらためて述べる。

前述したとおり、この年に『迷える者たちへの導きの書』が、『モレー・ネブヒム』という書名でヘブライ語に訳されている。このとき「カバラ」というユダヤ思想のひとつが生まれた。カバラ Kabbalah、Cabala とは、ヘブライ語で「伝承」とか「口伝《くでん》」という意味で、大きく言えば神秘主義の思想である。宇宙を支配する大きな力を解釈したり、惑星たちの動きから占いをやったりする。本書ではカバラには触れない。カバラは生まれたときから反マイモニデスの思想なのだ。

マイモニデスの『迷える者たちへの導きの書』は、アラビア人＝イスラム教徒の商人たちに向かって、「あなたたちは金儲けをしてもいいのですよ」「恥ずかしく思う必要はない」という思想を教えたのである。それが人類史上ものすごく大変なことだった。金利《インタレスト》を取ることを含め、強欲《グリード》の思想を実行してもいい。ここから個人主義、自己の欲望を追求することの大胆な肯定の思想が生まれたのだ。だから重要だ。

これと同時代（１２００年代）のヨーロッパで、西洋白人たちがゴソゴソと欲望追求を認めてくれ、という声を上げ始めていた。ローマ法王（教皇）から「金儲けをしてはいけない」「金儲けは卑《いや》しい行ないである」と戒《いまし》められていた。けれども、「私たちはどうしても金儲けをしなければならないのだ」と。あと一つ、「どうしても女と姦淫《かんいん》（セックス）をしたい」と。この二つを禁止されたらたまらないという、現実の世界の人間たちの切実な欲求があった。それがずっと禁圧されていた。

この禁圧を、世界の大宗教たちが行なってきた。キリスト教もイスラム教も、中国の儒《じゅ》教《きょう》も道教も、金儲け（商業活動）を卑賤《ひせん》な行為だと見做《みな》した。これに対する近代ヨーロッパでの、フリーメイソン商工民たち（都市の市民）によるローマ教会への激しい怒りが起きて、彼らが１６００年代からのヨーロッパの近代市民革命《きんだいしみんかくめい》を実行したのである。

中国でも日本でも、金儲けは穢《きたな》らしい行為だと、ずっと考えられてきた。だから、日本や韓国や中国では、商店を開けないことになっていた。こそこそと道路端《ばた》に小屋掛《こやが》けして、夕方になると荷物（商品）を全部まとめて、どこかに消えるのが現実だった。そうしないと襲撃されて危ないからだ。だから、お店を定着して公然と開けるようになり、守ってもらえたのは、日本では織田信長《おだのぶなが》の楽市楽座《らくいちらくざ》のころからだろう。それまでは、夜は全部の商品を担《かつ》いでどこかに消えていた。このあとも金儲けというのは、ずっと人類の長い歴史の中で穢《きたな》らしい行為とされてきた。

金貸し業は、もっと穢《きたな》らしい。ところが日本の戦国大名は、実態は金貸し業者である。これを土倉（どそう、つちくら）と言う。今の質屋に近い金融の機能を持っていた。酒屋や油屋も土倉を兼ねることが多かった。このような金貸し業者が日本では鎌倉時代に出現し、室町時代から戦国時代にかけて、この金貸し業が、どうも本当は戦国大名になっていったのである。西暦では1500年代である。ただの山賊《さんぞく》や暴力団では、1000人とかの食客《しょっかく》、足軽《あしがる》たちを雇い続けることはできない。子分を何千人か抱《かか》えて、食べさせることができて初めて大名である。今の自民党の、実力者政治家たちの本当の顔もこれなのだ。こういう人類史の大きな真実を、今の人間たちは分からなくなっている。

だから、マイモニデスが提出して爆発的に広まった合理（ラチオ）と理性（リーズン）の思想とは、「金儲けと性欲を認めろ」という初期の近代人《モダーン・マン》の、血の叫びの一番初めの思想運動だったのだ。

その二つを人類史上、初めて大胆に肯定したのが、きっとマイモニデスの思想である。だからものすごく重要なのだ。『迷える者たちへの導きの書』の「迷える者たち」とは、悩んで苦しんでいたイスラム商人、あるいはユダヤ商人、キリスト教商人たちである。

イスラムの教えでは、金儲けをしてはいけない、金利を取ってはいけないとされているけれど、そういうことで踠《もが》き苦しんでいたアラビア人＝イスラム教徒たちが、この本によって大きく救われたのである。

するとすぐに、前述した激しい反マイモニデス運動が沸き起こった。やはり金儲けをしてはいけない、欲望の肯定は穢らしい行動なのだ、という大批判が起きた。その一部は、スーフィー Sufi という西暦700年代から出現した、アラビア人たちの思想のひとつの流れである。スーフィーは大きく言えば、お酒を飲んで、みんなで踊って、享楽《きょうらく》を肯定して女たちと戯《たわむ》れて、楽しく暮らそうという思想である。このスーフィー派は今でもイスラム教の世界で弾圧されている。

それなのに、有名なスーフィーの思想家たちがイスラム教の諸国にいる。日本人のイスラム学者で『クルアーン（コーラン）』を岩波文庫で初訳した高名な井筒俊彦《いづつとしひこ》（1914―

アリストテレスの思想と
イスラム学者たち

アリストテレス
（BC384—BC322）

① アヴィセンナ
（イブン・スィーナー）
（980—1037）

② イブン・トゥファイル
（1105—1185）

③ アヴェロエス
（イブン・ルシュド）
（1126—1198）

1993、慶應義塾大学名誉教授）は、このスーフィズム Sufism を研究した。長くテヘラン（イラン）にいたが、日本に帰ってきて死んだ。

アラビア語に訳されたアリストテレスの思想

④マイモニデスがどれほど重要な思想家か、こんなものでは分からない。このマイモニデスより少しだけ前の時代、30年ぐらい前に、②イブン・トゥファイルというアラビア人のイスラム学者がいる（マイモニデスは1135−1204。トゥファイルは1105−1185）。

イブン・トゥファイルは『ヤクザーンの子ハイイ（の物語）』（1175年）という小説形式の本を書いた。これもまた大変重要な本である。西欧白人世界にも、ものすごく大きな影響を与えた。この書名の『ヤクザーンの子ハイイ』は、英語表記では Hayy ibn Yaqzan（ハイイ・イーブン・ヤクザーン）なのだが、『目覚めた者の物語』とも呼ばれる。誰が「目覚めた者」なのだろうか。実はこの『ヤクザーンの子ハイイ』は、後《のち》に500年後に翻案《ほんあん》されて、『ロビンソン・クルーソー』（1719年刊、ダニエル・デフォー作）になった。孤島でたったひとり、努力して合理《ラチオ》の精神によって賢く生き抜いた男の物語である。その原型になった物語なのである。これが1175年に刊行された。

このイブン・トゥファイルの弟子に、③アヴェロエス Averroes という人がいる（1126—1198）。この人も大思想家だ。アラビア語での名前は、イブン・ルシュドと言う。アヴェロエスはラテン語名である。マイモニデスとまったく同時代を生きた人だ。このアヴェロエスは今のスペインのコルドバで生まれて、このときのムワッヒド朝というイスラム王朝で、王様の主治医（侍医《じい》。王様づきの一番位《くらい》の高い医者）に任命されている。その後、裁判官にもなった。

アヴェロエスはコルドバで、ギリシャ語のアリストテレスの著作を、アラビア語に翻訳して註釈《ちゆうしやく》（注釈。解説文）を書き加えた全集（註釈書。コンメンタール）を刊行した。ここでアリストテレスの平衡《へいこう》（エクイリブリアム）の思想を説いた『ニコマコス倫理学《エシックス》』から、合理《ラチオ》、理性《リーズン》がイスラム教およびユダヤ教の中に入《はい》り込《こ》んで、受容《じゆよう》されたのだ。そしてイスラム世界で広く読まれた。この事実が重要だ。やがて、このアリストテレスの全訳書がラテン語、そしてヘブライ語にも翻訳された。アリストテレスの思想は〝翻訳王国〟コルドバから、ヨーロッパじゅうの知識人に広がっていったのである。

もう一人、イブン・トゥファイルの前に、①アヴィセンナ Avicenna という人物がいる。アラビア語読みではイブン・スィーナーと言う。アヴィセンナは西暦980年に、今の中央アジアのウズベキスタンにある都市ブハラで生まれている。ブハラは、中央アジア全体の中心都市タシケントの近くである。そしてアヴィセンナは、ペルシア（ブワイフ朝）のハマダーン（イラン最古の都市と言われている）で大臣を務めた。アヴィセンナは医者でもあったのだが、若いころからアリストテレスを研究し、『治癒《ちゆ》の書』や『救いの書』を書いて、アリストテレスの思想をアラビア世界に紹介した。

こうしたイスラム学者たちが研究して理解したアリストテレスの思想の中心、根幹が、まさしく合理《ごうり》 ratio（レイシオ、ラチオ）の思想である。前述したが「エクイリブリアム」equilibrium と言って、アリストテレスの『ニコマコス倫理学』という本の中に出現した。その実態は、合理的な生き方をしなさい、金儲けをしてもいい、利益行動をしてもいいという思想である。

このことがイスラム教、ユダヤ教、キリスト教の、その中心に大きな打撃を与えた。この打撃が今の世界三大宗教の教義《ドグマ》の骨格をつくり替え、現在に至っているのである。世界三大宗教が、ただの聖典《カノン》読みと、宗教的な儀式による敬虔《けいけん》と祈《いの》り（祈禱《きとう》）の生活だけであるはずがないのだ。

もう少し世界史を遡《さかのぼ》る。

9世紀（800年代）のバグダッドには、「知恵《ちえ》の館《やかた》」という思想集団が存在した。西暦700年代にエルサレムから移ってきたユダヤ人たちである。アラビア語でバイト・アルヒクマ（英語表記はBayt al-Hikma）と言う。彼らは博学であったので尊敬され、イスラム教（アッバース朝）のカリフに庇護《ひご》された。表面上はイスラムの律法学者になりきったふりをしながら、ギリシャ語の哲学書（フィロソフィア。アラビア語ではファルサファと言う）を入手しては次々とアラビア語に翻訳していたようである。

　ここにも隠れユダヤ人《クローゼット・ジュー》のイスラム教徒であるサアディア・ベン・ヨーゼフ（ヨセフ）Saadia Ben Joseph（882―942）という大人物がいた。またの名をガオン・ベン・ヨーゼフ（サアディア・ガオン）と呼ぶ。この「ガオン」とは「学院長」という意味である。ガオン・ベン・ヨーゼフは、バグダッドを支配したイスラム帝国の皇帝《カリフ》に仕《つか》え、『信仰と臆見《おくけん》の書』という本をアラビア語で書いている。

　この「知恵の館」の思想家たちが、西暦830年ごろから、ギリシャ哲学、すなわちアリストテレスの思想をアラビア語に翻訳した。これをさらに200年遡った西暦622年に、ムハンマド（マホメッド）という男（預言者《メッセンジャー》）が、イスラム教を誕生、成立させている（ヒジュラ元年）。

西洋の「近代」（モダーン）は、いつ、どこで準備されたのか

さて、そこで、今から13年前に出版された私たちの本の英文タイトルは、'The《ザ》 Spirit《スピリット》 of《オブ》 Jewish《ジューイッシュ》 Capitalism《キャピタリズム》'である。私がつくって名づけた。これを、私は当初、そのまま『ユダヤ資本主義の精神』と、書名を直訳して出そうと思った。が、それでは日本人には意味がよく分からない。そこで、わざと『金儲けの精神をユダヤ思想に学ぶ』とした。この本が13年前に出て、今また私がこの章を冒頭に書き加えて出す、このことの意義を理解してほしい。私の人生の年輪の13年である。私なりの成長があった。

西洋（西欧）の近代（モダーン　modern）は、ヨーロッパで1500年代初めに始まる。ちょうど500年前である。たったの500年間である。欧米白人が圧倒的に強くなって500年しか経《た》っていない。500年前の、その前の段階で、前近代（プレモダーン）の準備がなされていた。そして、この西欧モダーンへの準備は、まさしくアラビア世界でなされていたのである。ここまでマイモニデスたちの名をを挙げながら説明したとおり、中

東のバグダッドとカイロとエルサレムとコルドバの四つのアラビア都市で、近代を準備する運動が起きていた。このことが、きわめて重要なのだ。

アラビア人＝イスラム教徒（のふりをしたユダヤ人）の知識人、思想家たちが、西暦900年、1000年、1100年、1200年代に集団となって熱心にギリシャ思想を研究して、アリストテレスの合理《ラチオ》の思想をアラビア語に翻訳した。マイモニデスの本『迷える者たちへの導きの書』は、人間の欲望追求を大っぴらに肯定することで、アラビア世界どころか、ヨーロッパにまで一気に広まった。

しかし、それでも強欲《ごうよく》思想、合理の思想、自然欲望の肯定の思想に対して、保守的なイスラム教の律法学者、宗教家たちから激しい反撃の反対運動が起きた。ムハンマドの書き（語り）遺《のこ》した教えに忠実に従うだけで、頑迷に清廉潔白《せいれんけつぱく》、清貧《せいひん》の思想を奉じ、強欲の思想を認めない人たちがいた。彼らとの激しい争いになったのは当然だ。その争いは今も続いている。このことが、世界三大宗教を論じるときの、最大の根幹にあるべきなのだ。私はこのように、自分の人生の年輪60年を経《へ》て、ようやく大きく分かった。

性欲と金儲けを頭から否定すると、人間は偽善《ぎぜん》に陥《おちい》る。とっくに嘘だとバレているのに、偉いお坊様たち（いろんな宗教の）が、きれいごとで立派に見える教えを説いているだけで、もう誰もその説教《プリーチ》を信じていない。内部が空っぽ（空洞）で腐敗しているのだ。だから、それに対して「自分は女と寝て、金儲けもしたい。いい暮らしをしたい」という欲望を素直に、素朴に認めるほうが人間としては正直である、という考え方が到来した。そこからヒューマニズム（ユマニズム　humanism）、人間復興（ルネサンス　renaissance）の考え方につながる。それが、１５００年代のイタリア、フィレンツェのルネサンス（リナシメント）運動である。かつ、１５１７年からのルターによる北ドイツでの宗教改革《ザ・リフォーメイション》である。こういう大きな真実を教えることが誰もできないから、日本の知識層は、いつまで経っても世界共通である西洋近代思想の全体像が見えないのだ。

Ｐ21で前述したように、スペインのコルドバで、アヴェロエスがアラビア語に翻訳したアリストテレスの解説書（註釈書《コンメンタール》）がラテン語やヘブライ語に翻訳されて、ヨーロッパじゅうに広まった。だからコルドバは〝翻訳王国〟と呼ばれたのである。ここから『神学大全』（スンマ・テオロジカ）が生まれた。ローマ・カトリックの保守反動の極致、頂点である。トマス・アクイナス（Thomas Aquinas, １２２５－１２７４）が、'Summa Theologica, 1267' スンマ・テオロジカ（神学大全）を書いたのだが、彼は若いころ、まさしくコルドバでアラビア語のアリストテレス註釈書を学んで、「理性と信仰の融合」を唱えたのだ。

あのマイモニデスもまさしくコルドバの生まれ育ちだ。そして難を逃れて、30歳でカイロに移ったのである。

イエス・キリストの物語である『新約聖書《ニュー・テスタメント》』（本当は『イエスという面白く真面目で誠実な男の物語』と訳すべきだ）は、最初はギリシャ語で書かれている。イエスたちが話していた言葉はアラム語と言って、今のシリア語の祖型《そけい》らしい。しかし古代地中海世界では、ギリシャ語こそが正書法《せいしょほう》であり、リンガ・フランカ（共通語）であった。それからヘブライ語、アラビア語に訳されて、これがコルドバでラテン語に翻訳された。

ユダヤ教の『旧約聖書』も同様だ。原本《げんぽん》は古代ヘブライ語だとされるが、やっぱりギリシャ語だという説がある。ギリシャ語は、紀元前1200年ぐらいにできたフェニキア文字（アルファベット）の一流派である。フェニキアとは、今のレバノン（首都ベイルート）である。だからギリシャ文明の祖型は、フェニキア人がつくったものではないのか。これが、私が西洋文明に対して投げかける大きな疑問だ。ユダヤ教（思想）の祖型もフェニキア商人たち（「海の民」だ）の生き方と気風から生まれたのだ。金儲けをおおらかに肯定する思想も。

エルサレムからバグダッドへ、そしてエジプトのカイロを経て、北アフリカ（今はマグレブ地方と呼ぶ）を西へ西へと進み、今のモロッコからジブラルタル海峡を渡って、イベリア半島、すなわちスペインに入っていった。旧都グラナダ（アルハンブラ宮殿がある）の北100キロにコルドバがある。このように、地中海の沿岸をぐるーっと南回りに行ったら、西欧の入口のコルドバがあって、ここで知識人たちが、さかんに翻訳したのである。

『迷える者たちへの導きの書』に書かれていたこと

マイモニデスの『迷える者たちへの導きの書』には、どんなことが書かれているのか。一部を日本語訳して引用する。ドイツ語版の‘Führer《フユーラー》 der《デア》 Unschlüssigen《ウンシユリユッスイゲン》’（直訳は『困惑する者への案内』）とフランス語版の‘Guide《ギードウ》 des《デ》 égarés《ゼガレ》’（『道に迷う者のための手引き』）から、小笠原豊樹《おがさわらとよき》が訳してくださった（傍点と振り仮名は引用者）。

第3書第35章

この目的に従い、私はすべての掟《おきて》を14のグループに分類するのが正しいと見なす。

（中略）

第4グループは、喜捨《きしや》、貸付、贈与と、それらに関連するものに関わる。それらに関連するものとは、たとえば諸々の算定評価〔【独訳版注】聖所に寄贈される物の自己評価〕、強制没収品〔【独訳版注】買い戻し不可能の条件で聖所に取り上げられる物〕の規則、債権者や奴隷の権利に関わる規則、それから「ズライム（＝種子《しゅし》）」の書で数え上げられているすべての掟である。例外は、種子混合の禁止と、果樹の果物の初期3年の禁止の掟である。これらのすべての掟の理由は明確である。なぜなら、これらの掟があることによる効用は永遠に循環し、繰り返し繰り返し、すべての人を益するからである。なぜなら、今日豊かな人も、ひょっとすると明日には、自らであるかその子孫であるかは分からぬが、再《ふたた》び貧しくなり、今日貧しい人も、明日には、自らであるかその息子であるかは分からぬが、再び豊かになりうるからである。

第3書第42章

第7グループが包括する掟群は財産権であり、これらは「ミシュパティム（＝法規について）」の書で、また一部は「キンヤン（＝財産について）」の書で提示されている。これらの掟もまた、明らかな目的をもっている。つまりそれは、世間で行なわれる必要な取引の際に物差しとなる正当な規定を構成するもので、取引に参加する両方の者がどちらも得をするように、相互利益の原則から逸脱せず、けっして、両者のうちどちらかが、自分の利益ばかりを優先して儲ける者にならないようにすることである。そのための最初の条件は、取引の際に詐欺《さぎ》まがいの騙《だま》しが行なわれず〔【仏訳版注】レビ記25・16‐17。バビロニア・タルムード「ババ・メツィア」51a。詐欺まがいの騙しによって売り手もしくは買い手が被《こうむ》る損害が対象総価格の六分の一を超える場合は、その取引は無効となり罰せられる〕、一定の通常の利得のみが得られることである。したがって、これらの掟の中に、取引が法律上有効となるための条件が定められる。そして、よく知られているように、いかなる詐欺も、たとえ言葉の上だけのものであろうとも〔【独訳版注】バビロニア・タルムード「ババ・メツィア」58b。ここの意味は、物質的に損害を与えるわけではないが、当該者をへこませ、他人の目から見て貶《おとし》めることになる違反を含む、という意味である〕禁止されるのだ。

このようにマイモニデスは、貸付や贈与、債権、財産権の「掟」を規定して、そのうえで「取引に参加する両方の者がどちらも得をする」ために、詐欺を禁じている。公平で公正な規則、すなわちこれがアリストテレスの平衡《へいこう》（エクイリブリアム）であり、この規則《ルール》に基づいての金儲けを認め、人間の諸欲望追求を肯定したのだ。小笠原豊樹氏の言うところでは、このマイモニデスの書によって、それまであまりに錯綜《さくそう》し混乱を極《きわ》めていたユダヤ教、キリスト教、イスラム教の教え（聖典《カノン》）が大いに整理された。それで、この三大宗教の信者たちが、共通にものすごく助かった。だから（偉大なる）導き《ガイド・ブック》の書となった。

大きな流れで世界史を見るべきだ

デイヴィッド・キムヒ David Kimhi（1160－1235）という、何カ国語も操《あやつ》れる男がフランスにいた。フランスと言ってもスペインとの国境に近いナルボンヌという都市の生まれである。このキムヒの一族が、コルドバに移ってきて、マイモニデスの『迷える者たちへの導きの書』をアラビア語からヘブライ語に翻訳した。それが1204年である。そしてラテン語にも翻訳された。

1200年代の後半には、同じスペインで、カバラ（ユダヤ神秘主義思想）の聖典《カノン》である『バヒルの書』が成立している。英語では Book《ブック》 of《オブ》 Illumination《イルミネイション》 と訳される。『光り輝く本』である。この光明《こうみよう》とか啓明《けいめい》というイルミネイションの思想が、まさしくこのあとの西欧の啓蒙《けいもう》（エンライトンメント enlightenment ）である。啓蒙は、フランス語では、リュミエール Lumières である。

そして、この「すべて隠されているものに光を当てて明らかにせよ」から始まったイルミナティ＝フリーメイソンの思想が、ナポレオンやゲーテや天才音楽家モーツァルトたちを突き動かした、反ローマ・カトリックの激しい思想運動なのだ。ここではもうこれ以上、カバラについては説明しない。だが一言で言うと、カバラは、ところが金儲けの思想の否定である。合理主義に反対している。だからといって、権力者の思想ではない。

どこの国でもどんな時代も、権力者、支配者というのは恐ろしい大悪人たちであり、税金をたくさん取って、自分たちが暴力（すなわち軍事力）を握《にぎ》って、役人と軍隊で民衆を押さえつける。それが権力者というものだ。ユダヤ思想のひとつである『バヒルの書』は、こうした権力者の思想とは別である。カバラは、現代のユダヤ思想の中にあって、貧乏なユダヤ人たちの思想だ。強欲を否定する。敬虔なユダヤ教徒たちの周回の運動だ。ただし一方で、権力者に取り入らないと商売はうまくできないし、思想家といっても、いい暮らしができないという冷酷な真実も厳然としてある。

話を戻すと、キムヒ一族の翻訳から、ヨーロッパ全体にアリストテレスの合理が広がっていった。この合理《ラチオ》、理性《リーズン(レゾン)》によって金儲けが肯定されていった。だが、この時代には、ヨーロッパの民衆に激しい不満がたまっていた。どういうことか。

アラビア世界とヨーロッパ世界は、もともと融合している

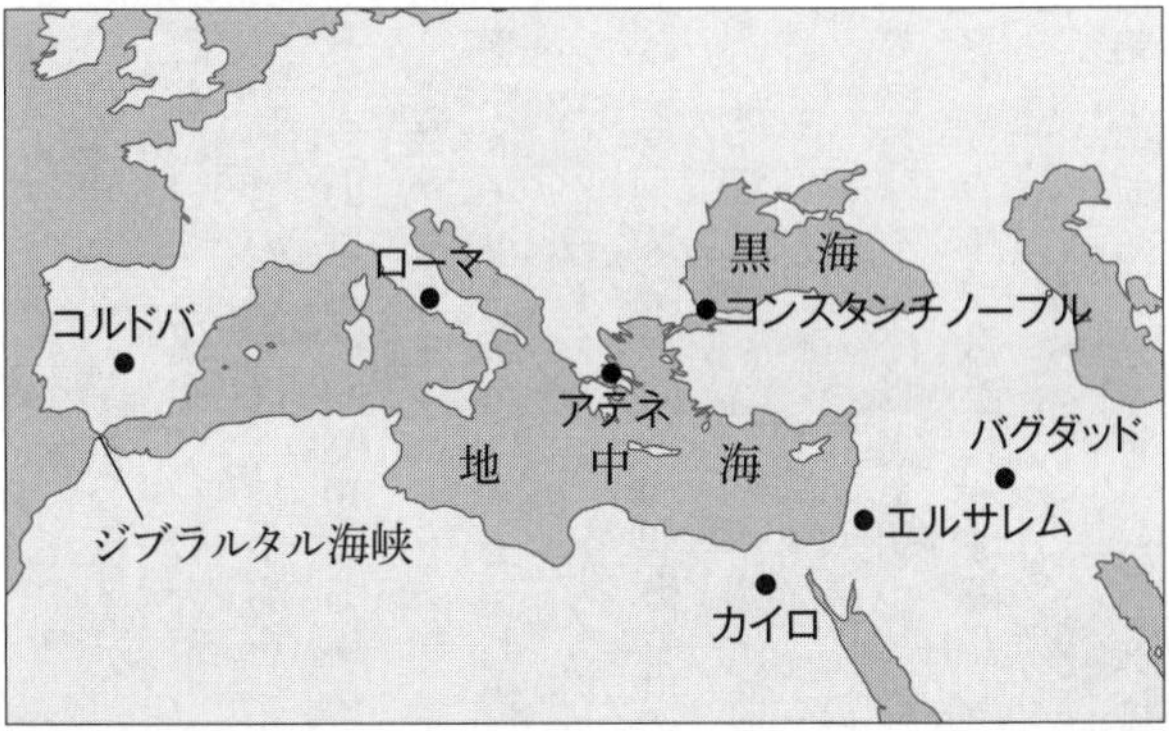

ギリシャ・ローマ文明は、ローマから北と西のほうに来ていたゲルマン民族（諸族《トライブズ》）、すなわち今のフランス（フランク族）やドイツ（ゲルマン族）やイタリア（ロンゴバルド族。ロンバルディア平原）、イギリス（アングロ・サクソン族）にそのまま広まっていったのか、というと、不思議なことに、そうではなかった。キリスト教世界（圏《けん》）になったくせに聖書すら翻訳されなかったのだ。

カトリックの偉いお坊様たちだけが読めばいいとされて、『イエスの物語』（新約聖書）も旧約聖書も、1000年間、書かれている内容は秘密にされていた。何ということか。祈禱書（お祈りの本）だけが翻訳されて、ヨーロッパの民衆は、司祭に言われたとおり、

頭《こうべ》を垂《た》れてキリスト教を深く信じていさえすればいい、と教え込まれていた。しかも、寄付、供養《くよう》、法要《ほうよう》、喜捨《きしゃ》で、お金だけをお坊様に差し出しなさいと教えられた。このことに対する民衆、一般大衆の激しい不満がたまっていた。

アリストテレスの思想は、地中海を、北アフリカのほうからぐるっと回って、1200年代にスペインのコルドバで初めてヘブライ語やラテン語に翻訳された。そして新約聖書は、1517年のマルティン・ルター Martin Luther のプロテスタント運動の、その直後にようやくドイツ語版の『イエスの物語』、すなわち新約聖書が出されたのだ。その20年後くらいに、ジュネーブにいたフランス人のジャン・カルヴァン Jean Calvin が、ラテン語訳とフランス語訳の新約聖書を出版した。これらをグーテンベルクの印刷機で印刷したから、ものすごい勢いとなって、ヨーロッパじゅうで買われて読まれた。都市住民《ビュルガートウーム》、市民（シチズン、シトワイヨン）、そして農民たちも爆発的に聖書を読むようになったのである。そして真実を知った。

このときに、ローマ教会に対する激しい憎しみが沸き起こった。その時代とちょうど同じときに、1530年代からフィレンツェで、メディチ家を中心にした初期思想家たちと、その弟子であったミケルアンジェロのルネサンス（リナシメント）運動、人間復興運動、すなわち反《はん》ローマ・カトリック教会の運動が起きたのだ。日本では、私以外には誰もまだ、西洋史のこの大きな歴史の理解ができていない。

私だって、誰から教えられることもなく、この巨大な真実に至りつくのに、自分の読書人人生の30年間を費《つい》やしたのだ。私は日本における覚醒《かくせい》者、「目醒《めざ》めたる者」なのである。

このように大きな流れで世界史を見ることが大事だ。

「まえがき」で述べたとおり、私は、私たちのこの本で「近代資本主義《モデルネ・カピタリスムス》の精神《ガイスト》をつくったのは、プロテスタンティズムではなくて、ユダヤ教《ジュダイズム》そのものである」ことを弟子たちとともに13年前に明らかにした。そして、その始まりとなった重要な思想の出現は、まさしくマイモニデスの『迷える者たちへの導きの書（モレー・ネブヒム）』だったのである。

目次

10　アメリカ映画にみるユダヤ人の強《したた》かさ

副島国家戦略研究所（SNSI《エスエヌエスアイ》／Soejima National Strategic Institute）

「日本は今こそ、自前の国家戦略を持つべきだ。そのためには自力で国家戦略（ナショナル・ストラテジー）の研究を始めなければならない」との主張に基づき、副島隆彦を所長として二〇〇〇年四月に発足した。

日本は、旧来の大企業・財閥系の経営・経済研究所や、防衛省などの防衛研究ではなくて、それらを超えた一段上の国家戦略を提示すべきなのだ。ワシントンのシンクタンク群に伍《ご》することができるだけの国家戦略研究所を持つべきなのだ。それは完全に民間ベースの、どの政治勢力やどこの企業にも金銭的に依存せず、影響を受けることのない独立《どくりつ》不羈《ふき》の研究機関でなければならない。

国家戦略研究とは、日本が国際社会の荒波の中で、これからどのように生き延びてゆくかを、あれこれ率直に正直に考える知識と学問のことである。すなわち、近い将来に起こるあらゆる不測の事態に備えて、それらに対応できるように何百個もの理論と対策を予《あらかじ》め作っておくことである。副島国家戦略研究所の主要研究領域は以下の三分野である。

一、世界基準から見た地域研究（regional《リージョナル》 studies《スタディーズ》）の一部としての日本の政治・軍事（安全保障）の分析・研究

二、各種の産業統計やマーケティング戦略や人口動態調査等

三、国内政治分析や経済金融分析（景気予測）

発足以来、分析・研究結果をWEBレポートや出版物等の形で公表しつづけ、若くて有能、優秀な研究員の集団として注目を集めている。

WEBページ「副島隆彦の学問道場」
http://www.snsi.jp/

1

ユダヤ人だけが、なぜ金儲《もう》けが上手《うま》いのか

副島隆彦

キリスト教は、金儲けを大いに嫌う

世界の大宗教の中で、ユダヤ教だけが金儲けを肯定している。だからユダヤ教（＝ユダヤ思想）を信奉するユダヤ人たちが、世界中でお金持ちになったのである。そしてアメリカ合衆国には「隠れユダヤ人」（クローゼット・ジュー closet Jew）と呼ばれるユダヤ人たちが大勢いる。彼らが金持ちである。主にニューヨークにいる。熱心に祖国イスラエルを支援している。

西暦1391年に、ヨーロッパ各地で襲撃され政治弾圧を受けたユダヤ人たち（ポグロムの始まり）の多くは、ローマ・カトリック教に改宗した。それらの人たちは「マラーノ」（マラノス marranos、豚《ぶた》）と呼ばれた。彼らがユダヤ商人である他に、現代に続くヨーロッパ近代知識人《インテレクチユアルズ》の出生の大きな流れの基《もと》となっている。

それに対して、私たち日本の文化や伝統はどうか。仏教も、神道も、それから中国からやってきた儒学《じゆがく》（中国では儒教《じゆきよう》と言う）も金儲けを嫌う。仏教も神道も儒教も、どう考えてもお金儲けという行為を、そもそも卑《いや》しいこと、穢《きたな》らしいこと、蔑《さげす》むべき下品なことだと見なしている。そのように各教典に書いてある。

では西洋のキリスト教はどうかというと、やはりキリスト教も、お金儲けが嫌いなのである。たとえば「金持ちが神の国に入るよりは、ラクダが針の穴を通るほうがまだやさしい」（『マタイによる福音書』19章24節）という有名な聖書の言葉がある。金持ちは天国に行けない。すべての富を捨ててから天国の門を叩きなさい。あるいは教会に寄付して、悔い改めたら天国に入れてやる、である。キリスト教もお金儲けが大嫌いなのである。これでは、現実の人間は生きてゆけない。たまったものではない。

キリスト教はもともとユダヤ教の一派であり、ユダヤ教から生まれたものだ。ところが、それがお金儲けの問題では対極に行き着いている。古代ローマ帝国が、2世紀（紀元100年代）から徐々にキリスト教を受け入れていった。世界の大宗教は、すべて帝国（＝文明）が育てるのだ。

初期キリスト教の教会はカトリックである。カトリックのお坊様（神父 father《ファーザー》）たちは、特にお金儲けが大嫌いだったようである。お金を貸し借りするときに、金利（インタレスト）が付くことをものすごく嫌った。

「金利を取ることを認めるか否か」で、紀元1世紀頃から1000年の間、議論している。1179年の第3回ラテラノ公会議（ローマ市内のラテラノ大聖堂で行なわれた）では、

「利子を取る者は、キリスト教徒として埋葬しない」と決議している。それがやがて300年後に崩れて、カトリック教会は、1517年の第5回ラテラノ公会議で、「利子を取る貸し金を認める」と決定した。このときをもって、人類の近代社会（モダーン modern）の成立の日とすべきだ、と私は考える。

そして、この同じ1517年の10月に、マルチン・ルターが北ドイツでプロテスタント（抗議派）の宗教改革を始めた。彼は95カ条の質問状を、ヴィッテンベルク城の下の修道院の扉に貼り付け、このあと尼僧と結婚して自ら破戒僧《はかい》となった。公然と子どももつくった。

イスラム教におけるシャリーアとザカード

世界にはもうひとつ大きな宗教がある。イスラム教である。イスラム教も、強欲《ごうよく》のお金儲けが嫌いな宗教である。ユダヤ教をお手本にしたくせに、ユダヤ教と教義《ドグマ》で激しく争う。今でも金利を取ってはいけないというのがイスラム教の根本にある。これは「シャリーア」といって、「イスラム法」と訳される。シャリーアはイスラム教徒の行動規範《ルール・ブック》である。

シャリーアの中に「ザカード」（イスラム教徒の五行のひとつで喜捨、貧しい人への寄付）がある。したがって、イスラム諸国の銀行は、今でも表向きは金利を取らない金融機関である。お金に困っている同胞にはお金を貸しなさい。そして、その貸し金がうまくいったときだけ、感謝の気持ちとして進んでお礼を受け取ることで、元本《がんぽん》と利子《りし》分を戻してもらうことにする。

だから、イスラム教の「シャリーア」では、金利（利息）を禁じる代わりに、他の人々を助ける行為としての貸し金であり、それへのお礼としての返済だ、と考える。イスラムの特色として、困っている同胞にお金をあげるとか、災難から救ってあげる行為は大いに奨励される。

ユダヤ教においては、ユダヤ教徒あるいはユダヤ人ではない人たちのことを「ゴイ（ム）」（goi［m］　異教徒）と呼んで、ゴイ（ム）からは金利を取ってもいいし、金貸し業の対象にしていいと古来から決めてある。

ユダヤ人の聖典である「トーラー」（Torah　モーセ五書）に「外国人には利息を取って貸してもよい。ただ兄弟（同胞）には利息を取って貸してはならない」（モーセ五書　申命記《しんめいき》23章20節）と書いてある。

だから今、私たちが理解すべきは、お金儲けをしたかったら、ユダヤの思想に学ぶべきだということである。直接この教えを、真っ正面から正しく理解すればいいのである。ユダヤ教だけが、仏教や、儒教や、キリスト教や、イスラム教とは違って、お金儲けを唯一、太初《はじめ》から認めている。ユダヤ教だけが、もともと金利を取ることを認めていた。だからユダヤ人は金持ちになったのである。このユダヤ人の精神をした人々が、企業経営者として成功する。

※（注記）もうひとつの世界宗教にヒンズー教（インドイズム、インド主義　Hindism ）がある。これはインド人の生活感覚そのものである。ヒンズー教は宗教というよりも、インド人の生活規範そのものであるから、この本では扱わない。

「ラシオナリズム」――合理主義とは何か

私たちが知るべき二つ目の、金儲けへの大きな秘訣《ひけつ》は、「ラシオナリズム」rationalismの本当の意味を知ることである。このラシオナリズム（ラッショナリズム）は、日本では「合理主義《ごうりしゅぎ》」と訳される。その語幹である ratio レイシオ、あるいは、ラシオ、ラチオという言葉に大きな秘密がある。

レイシオというのは「割合」とか「分け前」、「掛け目」という意味だ。たとえばここに100万円のお金ができたとする。そのうちの私の取り分が60万円、あなたは40万円であると決める。このときの6対4という比例配分が、すなわちレイシオである。だから「取り分、分け前、利益の分配」なのである。

これは賭《か》け事の「掛け目」にも使われる。「オッズ」odds とも言う。勝負率を「何対《たい》何の割合」というふうに決めて使うのが、レイシオである。このレイシオは数学の確率論あるいは統計学でも使う。レイシオとは、不確実である未来へ向かっての、投機的な冷酷な思想のことである。

この、レイシオあるいはラシオ（ラチオ）というものが、ユダヤ教およびキリスト教の思想の中に大きく横たわっている。日本ではこのレイシオを、「合理」と訳して、その形容詞形（アドジェクティヴ）であるラシオナル rational を「合理的」と訳してきた。そして、「君の生き方は合理的だね」というような言い方をする。

ところが、この「合理的」という言葉が、そもそもどういう意味なのか、分かっている人は日本にはいない。「合《ごう》」の「理《り》」、あるいは「理《り》」の「合《ごう》」とはいったい何なのか。中国の儒教（の中の朱子学《しゅしがく》）の「理気《りき》二元論」とどう違うのか。本気で考えた日本人は、残念ながらいない。今もいない。私の師である日本の碩学《せきがく》小室直樹《こむろなおき》先生だけが、このことを知っていた。

明治の文明開化から今日《こんにち》までのこの150年の間に、この「あなたの生き方は合理的だね」の「合理」ということをきちんと突き詰めて考えた日本人は、他にいないのである。日本人はこれまで「合理的」の「合理」とは何かを、本気で考えたことがないのだ。

「理性的」という言葉の本当の意味

合理という言葉は、レイシオ（ラチオ）であり、「自分の利益になるように行動をする」ということである。あるいは「自分が投下したエネルギーや、苦労や、努力に対して、それなりの利益が上がること」を目指す。それを「合理的な生き方、やり方」と言う。

あるいは目的地に向かって、あちこちうろうろ道草をして歩き回らないで、二点間の最短距離をまっすぐに進むことを言う。すなわち直線（リニア）に進むことだ。合理的な考え方とか生き方というのは、そういう利益中心の考え方だ。これをラシオナルというのである。

だからラシオナル rational の訳語を、「合理」から「合利」へと訳し直すべきかもしれない。福沢諭吉《ふくざわゆきち》なら、きっとそうしただろう。

この利益（金儲け）の法則であるラチオ、レイシオ ratio のことを、ユダヤ人たちは初めから分かっていた。

さらにこのレイシオは、「レゾン・デートル」raison d'être の、レゾン raison と同義語である。エートル être とは「存在」のことであり、レゾンはその「存在の根拠」のことである。レイシオは、語源としても、このレゾン（理由、根拠）という言葉と等しい。

このレイシオ、レゾンは、英語のリーズン reason と等しいのである。語源（エチモロジー）として同じなのだ。

この「リーズン」のことを、日本語では「理性《りせい》」とか「理由《りゆう》」と訳す。それでは考えてみよう。「理性」とは何か？「合理」と同じく、日本では、このことを本気で考えた人はあまりいない。ドイツのカント哲学で、この理性を山ほど論じているが、どうせ今も分からない。「理性的」の「理性」とは何か。「私は理性的に判断をしている」と言うが、いったい、何を言っているのか。

この「理性」（reason リーズン）の、私たち日本人の最も卑近《ひきん》な使い方は、互いを好ましく思っている男女が二人っきりになっても、男性が女性にむやみに抱きつかない、ということだ。女に襲いかかるのが男の本性（本能 instinct インスティンクト）で、その逆に、それを抑えつけて、この動物の本能の欲望を自ら抑制する行動を「理性的」と使う。日本人は、ふだん、こういうものとして「理性的」という言葉を理解している。この程度の理解しか、本当に他にないのだ。

　このときの「理性的」ということについて、この150年間、日本人は真剣に考えてこなかった。イマヌエル・カントの『純粋理性批判《じゅんすいりせいひはん》』、Kritik《クリティーク》 der《デア》 reinen《レイネン》 Vernunft《フェアヌンフト》, 1781、という本を読んだことにして、分かったふりをしているだけだ。この「純粋理性」reinen Vernunft（レイネン・フェアヌンフト）というものがいったい何なのか、今も誰も分かっていない。「分かりやすく説明してくれ」と頼んで、説明してくれる日本人カント学者がいない。

「理性的」というのはどういう意味かというと、その本性《ほんせい》は、「合理的（ラシオナル）」と同じで、実は「お金儲け（自分の得《とく》）になるように行動すること」ということだ。

　リーズン（理性）の形容詞形であるリーズナブル reasonable というのは、「割が合っている」とか「間尺《ましやく》に合っている」とか、「自分の利益になる」とか「値段が安い」ということである。

だから、自らもカトリックの僧侶（修道院僧）たちと同じく、自発的禁欲者（celibate セリベット。禁欲《きんよく》のために自ら生殖器を切り取った人々）であったイマヌエル・カントが、『純粋理性批判』で言った「理性」とは何かといえば、それは、ユダヤ人たちの露骨なまでの、残酷なまでの、近代人（モダーン・マン）ぶり、ということである。「合理」や「理性」とはそういう非人間的、非人道的な金儲けの思想のことなのである。

ちなみに、イエス・キリストも自分のことをセリベット（自発的禁欲者）だと聖書の中で語っている。このセリベットに対して、他者に生殖器を切り取られた者を eunuch ユーナック、去勢者《きょせいしゃ》、宦官《かんがん》と言う。ユーナックをつくる去勢（castration キャストレイション）は遊牧民（nomad ノウマド）の伝統である。

イラク戦争を正当化するアメリカの論理

レイシオ＝レゾン＝リーズンについて、もっと分かりやすく書こう。

ここに、ひとりの東京の企業経営者がいるとする。彼の会社は従業員が1000人ぐらいいだ。このうち300人が大阪支店と静岡工場に勤務している。この二つを閉じなければ東京の本社までが危なくなっている。このとき、この社長は決断する。そして〝首切り隊長〟として役員をひとり任命して、大阪支店と静岡工場に送り込み、この会社にとって余剰《じょう》の300人の従業員の首を切って、支店と工場を閉じさせる。〝首切り隊長〟というコトバは、生《な》ま生《な》ましく現代（現在）にも生きている。

このときには社長は、リストラされて失業する300人の従業員と、その家族のことなどもう何も考えない。本社（自分）が生き延びるためには、犠牲者を出すことをいとわない。冷たく切り捨てる。これをラシオナルと言い、合理と言い、理性と言うのである。これこそはユダヤ人の生き方である。

アメリカは、イラク戦争（2003年）やら、あちこちの紛争地で今も残酷な戦争を続けている。アメリカ国民にしてみれば、自分たちがイスラム原理主義《ファンダメンタリズム》の過激派《ジハーディスト》のテロリストたちに殺されたくないから、自分たちのほうから攻めていって、反抗するイラク国の30万の人間を殺してもかまわないと考えた。これがレイシオ（ラチオ、割合《わりあい》）の思想だ。そのためには、イラクで3000人のアメリカ兵が死んでも仕方がない。このように考える。イラク人30万人に対してアメリカ兵3000人だから、このレイシオ（割合、比率）は、1対100である。したがってこの戦争行為はラシオナル rational である。こういう使い方（考え方）をするのである。

もうひとつ。73年前に投下された広島、長崎の原爆では、広島で16万人、長崎で7万人が亡くなった（1945年の年末までの累計）。合計で23万人である。しかしアメリカ政府が原爆を使わず、あのままあと半年戦争を続けていたら、米兵があと5万人死んだだろうと言われている。

だから、レイシオで考えたときに、5万人の米兵が死なないで済んだのだから、あのとき広島、長崎に原爆を投下したことは「正義《ジャスティス》である」、とアメリカの大多数の国民は考えている。今でもそのように考えている。これがレイシオの思想だ。レイシオ（合理、理性）の思想というのは、このようなものなのだ。

合理《ラチオ》と理性《リーズン》の思想でつくられているアメリカ（つまりキリスト教を名乗りながら、ユダヤ教がべったりと背後に貼りついている）は、残酷なまでにこのレイシオの思想で動いている。自分たちがＩＳ《アイエス》のようなイスラム過激派に攻撃され、殺傷されるぐらいなら、先に彼らを皆殺しにしてしまえという思想で、今のアメリカの経営者層、指導者層の人間たちは動いている。

ワスプ（ＷＡＳＰ）と言われるアメリカの上層白人の国民にも、本当はかなりの割合でユダヤ人の血が混じっている。これを隠れユダヤ人（closet Jew　クローゼット・ジュー）

と言い、2000万人ぐらいいる。

アメリカ合衆国の、今の人口3億人のうち、800万人がユダヤ系とされる。が、そんなに少数では政治的影響力を持てない。だからこの他に2000万人の隠れユダヤ人国民がいるのである。だから、彼らアメリカの指導者層は、この「レイシオの思想」で世界を冷酷に管理し、現実主義《リアリズム》に基づく非人道的、非人間的な思想で世界を動かしている。

だから、もしあなたが本当にユダヤ人の思想（ジュダイズム）に学んで、金持ちになりたい、と真剣に考えるのならば、まずこのレイシオ（ラチオ）の思想という拝金《はいきん》の思想を身に付けなければならない。人道主義や人権の思想や、他人への思いやりの思想では、これからの人間世界は立ちゆかない。このことを、私たちは思い知るべきだ。

マックス・ヴェーバーを祭壇から引きずり降ろす

世の中は、好きとか嫌いとかの問題では済まない。

ものごとの正しい、間違いをきれいごとで言ってみても始まらない。この人間世界（人類史）では、ユダヤ人たちが他の民族に先駆けて身に付けたユダヤ教（ユダヤ思想）が、どうせ勝つのである。ここに私たちが金持ちになる秘訣がある。あなたが本気で金儲けをしたかったら、ユダヤ人になりきるしかない。このように書いている私自身は、もともと金儲けの素質（才能）がないので、ならない。なりたくない（笑）。

そして、近代資本主義（モダン・キャピタリズム　Modern Capitalism　これを市場経済　マーケット・エコノミー　market economy　と言い換えても同じことだ）をつくったのは、プロテスタンティズム　Protestantism　ではない。

羽入辰郎著『マックス・ヴェーバーの犯罪』（2002年、ミネルヴァ書房刊）

プロテスタンティズムとは、ピューリタニズム（清教徒）でもあり、カルヴァン派（Calvinism　カルヴィニズム）の新教徒の思想だ。だが、近代資本主義の精神をつくったのは、プロテスタンティズムではない。ユダヤ商人たちだったのだ。この一行の大きな真実を明らかにするために、私が主宰するSNSI副島国家戦略研究所の若い研究員たちの優れた論文をここに集めた。

だが、カルヴァン主義者もルター主義者も、どうも欧米の資産家層の、あの貪欲《どんよく》な生き方を細かく見ていると、ユダヤ教の冷酷な生き方とあまり変わらない、とも言える。

きっかけとなったのは『マックス・ヴェーバーの犯罪』（2002年、ミネルヴァ書房刊）という衝撃的な本を書いた羽入辰郎《はにゅうたつろう》・青森県立保健大学教授の業績である。

このきわめて学術的な本で、羽入教授は、マックス・ヴェーバー（Max Weber 1864―1920）という、20世紀最大の社会科学者《ソシアル・サイエンティスト》（社会学者、経済［史］学者、政治学者）と、今も世界中で認められている大《だい》学者の学問犯罪を、証拠付きで詳しく証明した。以来、ヴェーバーの権威は、世界中で徐々に落ちつつある。本当だ。

私たちは、この羽入辰郎著『マックス・ヴェーバーの犯罪』に大いに触発されて、それを土台とし、導きの糸としながら「近代資本主義の精神（エトス、倫理）をつくったのはプロテスタンティズムではなくて、本当はまさしくユダヤ商人たちそのものだったのである」と本書で提起している。

この〝ユダヤ人が資本主義をつくったのである理論〟は、ヴェルナー・ゾンバルト（Werner Sombart 1863―1941）によって提唱された。ゾンバルト（ヴェーバーより

1歳上）は、ヴェーバーと初期に共同研究をした人だ。このあと大喧嘩《おおげんか》になった。ゾンバルトのほうが歴史の審判を受けて、正しい、ということが最近、学界でも判明した。

泰斗《たいと》マックス・ヴェーバーが書いた『プロテスタンティズムの倫理《りんり》と資本主義の精神』（1904年。岩波文庫は1955年、大塚久雄《おおつかひさお》訳）は、日本で政治学、経済学、社会学を目指す者ならば必ず読まねばならない教典（聖典《カノン》）だ。だが、実はこの本そのものが、無根拠の書であり、学問犯罪と呼べるほどのものであったことが、羽入論文によって満天下に明らかにされた。文科系の学問の世界で、真に驚くべき事実であった。

古代の資本主義をつくった賤民《せんみん》（守銭奴。パーリア　pariah、パライア）資本主義（パーリア・キャピタリズム　Pariah Capitalism ）だけでなく、私たちの現在をも強固に形成している近代資本主義（モダン・キャピタリズム）そのものもまた、ユダヤ人たちの生き方（気風、倫　理《エトス（イーソス）》）がつくったものだったのである。

2

ユダヤ商人の原像

――『ヴェニスの商人』のシャイロックを解剖する

山田宏哉

ユダヤ人と聞けば、人肉裁判で有名な『ヴェニスの商人』のシャイロックを思い起こす人は多い。非難と嘲罵《ちようば》を浴びせられ続けてきたこの人物の思考法を、近代資本主義の精神に照らして分析すると、どうなるか。ここに、新しいシャイロック像を提示する。

序幕　シェイクスピアを超えたシャイロック

資本主義の掟《おきて》を学ぶテキスト

ウィリアム・シェイクスピア（1564―1616年）の傑出した戯曲『ヴェニスの商人』は、商売とユダヤ人、さらには資本主義の掟《おきて》を学ぶうえでも、最良のテキストのひとつである。そして、『ヴェニスの商人』において圧倒的な存在感を誇る、冷酷無比なユダヤ商人シャイロックこそ、本稿の主人公である。

シャイロックは、絶対にユダヤ人でなければならない。何しろ、シャイロックこそは、中世ヨーロッパ人のユダヤ人に対する憎悪を象徴的に体現したものだからだ。そして、はからずもシャイロックは、後世に至るまで民衆のユダヤ人像を呪縛《じゅばく》している。と同時に、資本主義の息吹《いぶき》を体現する人物でもあった。

さらに私は、シャイロックが、作者であるシェイクスピアの想像の範囲をも超えた人物であると思う。

シェイクスピアには、強烈な毒がある。欧米人は、聖書を通して善なるものを学び、シェイクスピアを通して悪なるものを学ぶ、と言われるのも頷《うなず》ける。


なお、本稿の引用は、すべて中野好夫《なかのよしお》訳『ヴェニスの商人』(岩波文庫)に拠《よ》った。[ ]は引用者の注である。振り仮名も補《おぎな》った。原作が書かれたのは、十六世紀末のことだとされている。当時のイギリスは、スペインの無敵艦隊を撃破し(1588年)、エリザベス王朝の華やかな時期にあった。

また、訳者・解説者である中野好夫は、むしろ〝悪人〟を讃え、学を衒《てら》うことを徹底的に嫌った偉大なイギリス文学者であり、文筆家である。1953年、「給料が安い」という理由で東京大学教授を辞して、文筆に専念された。そして、エドワード・ギボンの大著『ローマ帝国衰亡史』を訳す途中で、惜しくも力尽きた。

中野好夫の著書を読む者ならば、中野好夫個人が、アントーニオらの大袈裟《おおげさ》でネバネバした友情より、シャイロックの激しい怒りと怨念《おんねん》を愛したであろうことは、容易に推察できる。

第1幕　掟《おきて》

冷酷なるシャイロック　友情に厚きアントーニオ

アントーニオの友人バッサーニオは、お金に困っていた。ベルモント（架空の地名）の美女ポーシアに求婚するためには、お金が必要だったからだ。バッサーニオは、アントーニオにお金を貸してほしいと頼む。ただ、アントーニオは、今、手元に持ち合わせがない。

だが、そこは友情に厚いアントーニオ。今回ばかりは、軽蔑すべきユダヤ商人シャイロックからお金を借りることにする。

まずは、バッサーニオがシャイロックに接触し、三〇〇〇ダカットの融資を頼む。シャイロックは、条件を考慮し、すぐには貸すか貸さないかの返事をしない。

シャイロック　アントーニオはいい人だ。

バッサーニオ　そうでないとの悪口でも聞いたというのか？

シャイロック　ああ、いや、いや、いや、俺《わし》がいい人だと言ったのはな、あの男なら大丈夫だという、そういう意味で言ったまでのこと。もっとも、あの男の財産というのは、いわば一種仮定のそれだからな。トリポリスへ一艘、西インドへ一艘、それに、取引所《リアルトー》での話じゃァ、現在メキシコにも、イギリスにも出しているそうだな。そのほかにも奴の投資は、やたらとあちこちに散らばっている。だが、しょせん船は板子《いたご》だし、船乗りはただの生身《なまみ》。陸鼠《おかねずみ》に海鼠、陸泥棒《おかどろぼう》に海泥棒、つまりは海賊じゃが、それもある。それからまた水の危険、風の危険、暗礁の危険という、これもある。だが、とにかくあの男なら大丈夫だろう。三千ダカットか――、よろしい、あの男の証文なら取ってもよさそうだ。

（第一幕・第三場10―19）

「アントーニオはいい人だ」という際、シャイロックとバッサーニオでは、その意味するところがまったく違う。バッサーニオが、感情に基づく人格的な優劣を問題にしているのに対して、シャイロックは、冷徹にアントーニオの返済能力の有無を問題にしている。さ

ユダヤ人を象徴する「ヴェニスの商人」

ROGER-VIOLLET ／ ORION PRESS

19世紀イギリスの画家ジョン・ギルバートによるさし絵。シャイロックは、一目でそれと分かる邪悪な面相に描かれるのが常だった。

（ロンドン、ビクトリア・アルバート博物館蔵）

らに、リスクも考慮し、最悪の事態も想定している。

このようなシャイロックの思考法は、「他人の足元を見る」ものとして人情的には、蔑《さげす》まれながらも、脈々と生き残ってきた。そして、これからも生き残るだろう。ビジネスを戦いの場として考えるなら、やはり、これは理に適《かな》ったやり方なのである。現代においても、金融機関は顧客の担保（と返済能力）しか問題にしない。

貴族の称号を渇望したロスチャイルド商会

そのように蔑まれつつも金融業を営むユダヤ人が受けとる代償も、もちろんあった。象徴的なエピソードだが、1816年、オーストリアの宰相メッテルニヒは、ロスチャイルド家に貴族の称号を与える決断をした。その理由は、オーストリアの対ナポレオン戦争の援助金をロスチャイルド商会が送り届けたから、というものだった。反ユダヤ感情から、反対する声も強かった中での決断だった。

ロスチャイルド家にとっては、貴族の称号は悲願だった。なぜか。中野好夫の「血の決算報告書――ロスチャイルド王国の勃興」（『世界史十二の出来事』ちくま文庫所収）より、その意義を探ってみよう。

いまさら貴族などと笑ってはいけない。彼らの場合、それは社会的勝利のシンボルであったのだ。人種的偏見がもっとも強く、彼ら兄弟の進出をもっとも長く阻《はば》んでいたオーストリアにおいて、彼らのこの授爵は、けっして単にそれだけのことではない。ユダヤ人全種族の社会的解放、勝利の鐘であったのだ。僅々《きんきん》二十年前までは、ドイツ名流に伍《ご》する富をもちながら、なお忌《い》むべきシャイロックの後裔《こうえい》として、彼らにあのユダヤ人区の不潔な陋屋《ろうおく》生活を強制していた社会的差別そのものが、まさにいま破れ去ったのだ。

いかなる富を手にしようとも、社会的な尊敬が皆無では、虚しい。いや、ユダヤ人の場合、積極的に賤民として蔑まれているのだから、社会的評価は、無《ゼロ》ではなく、負《マイナス》である。

そのような境遇を抜け出そうとすることは正当である。少なくとも、私には、オーストリア政府に恩を売り、貴族の称号を手にしたロスチャイルド商会を悪く言うことはできない。

高利貸しこそ、資本主義精神の実践である

シャイロックとバッサーニオが交渉している場にアントーニオが登場する。アントーニオの姿を見るや否《いな》や、シャイロックは独白を始める。

シャイロック　〔傍白〕なんて面付《つらつき》、まるで神に尻尾を振る収税吏《みつぎとり》だ。俺《わし》には彼奴《あいつ》の耶蘇《やそ》［キリスト教］が気に食わん。だが、それよりも、もう一つむかつくのは、あの謙遜づらの阿呆奴《め》が、無利子《ただ》で金を貸しやがって、ヴェニス中の俺《わし》たち仲間の金利を落しやァがることよ。いまに見ろ、いつか彼奴《きやつ》めの尻尾でも押えたが最後、つもる恨みだ、たらふく恨みは晴らしてくれるぞ。彼奴め、俺たち神の選民を憎みやがって、場所もあろうに商人《あきんど》たちの大勢集まったところで、この俺、そして俺の商売、ちゃんと正当なこの儲けを、高利と吐《ぬか》して悪態つきやがる。これが宥《ゆる》せるもんなら、俺たちユダヤ人は地獄落ちだ！

（第一幕・第三場30―41）

公平に見て、シャイロックの「この俺、そして俺の商売、ちゃんと正当なこの儲けを、高利と吐《ぬか》して悪態つきやがる。これが宥せるもんなら、俺たちユダヤ人は地獄落ちだ！」

との訴えの部分は、正当なものである。

シャイロックの言うとおり、金利を取ることは、正当な儲けである。いや、金貸しこそ、「時は金なり」という資本主義精神の実践なのだ。利息を取る、という行為こそ、時間を金銭に換算する、最も純粋なカタチなのだ。

しかし、この考え方は、私たちの素朴な生活実感との間に、微妙な落差を生む。このズレを自覚することが肝要である。

私は両親から、友人とは決してお金の貸し借りをしてはならないと、厳しく躾《しつ》けられた。親以外の尊敬している人物からも、この言葉を聞いた。率直に言って、これは正しい教えだったと思う。したがって、私は、友人とお金の貸し借りをしたことがほとんどない。やむをえない事情があれば、あげるつもりで貸した。こちらから、利息を要求するなど、もっての外《ほか》だった。借りたことは記憶にない。

金銭の返済を迫るのは、たとえ貸した側の正当な権利でも、相手からは、シャイロックのように見える。世の中には、自分が借りたお金を返せないというのに、あたかも自身が被害者であるかのように、「借金取りが過酷だ」「借りた金は返すな」などと身勝手なことを言う人までいる。友人との間に、「恩を仇《あだ》で返す」という薄汚《うすよご》れた世界を持ち込まないのは、まっとうな考え方である。

だからこそ、必要悪として、シャイロックのような金貸しが存在する余地があるのだ。金融を中核とする資本主義が、神への献身という崇高な理念から生まれたとは、もはや信じがたい。

「プロテスタンティズムの倫理が、資本主義発展の原動力となった」というマックス・ヴェーバーのテーゼは、あくまで体裁を繕《つくろ》うための公式見解であろう。

私は、マックス・ヴェーバーがドイツ国民であり、敬虔《けいけん》なプロテスタントの母親を持ち、熱烈な愛国者であったという事実を軽視しない。ヴェーバーは個人的には、ユダヤ人が嫌いだったはずである。

いくら学問的な体裁をとった論文であろうと、その根底には、人間感情に基づく好悪《こうお》の感情が流れている。丸山眞男《まるやままさお》風に言えば「超学問的な動機」である。テーマの選定から、引用文献の選定に至るまで、何も学問的な使命感だけで決まっているわけではない。嫌いな奴が書いた論文は、無視するなり、徹底批判するのは、ありふれた話だ。何より、これはヴェーバー本人も『職業としての学問』で問題としたことだ。

話を戻す。人情と友愛とに基づく世の中を表とするならば、欲望と金銭が動かす世の中は、裏である。今や、陽《ひ》の当たらない場所で生まれたシャイロックの論理が、資本主義となって、世界を影で覆《おお》い尽くしたのだ。

ユダヤ人が金融業（高利貸し）に手をつけたのは、当初は、やむにやまれぬ事情だっただろう。中世において高利貸しは、同性愛よりも重罪だった。ユダヤ商人と金貸しを蔑む態度がどのようなものであったのかは、シャイロックを通して見てきたとおりだ。

賤民としてのユダヤ人

シャイロックは、これまでに、アントーニオ、さらにはキリスト教徒から受けた屈辱を、決して忘れない。シャイロックは、普段の態度を豹変させて、厚かましくも金を貸してほしいと言ってくるアントーニオに対して、皮肉を言う。対して、アントーニオもシャイロックに言い返す。

シャイロック　アントーニオの旦那、旦那は取引所《リアルトー》で、ずいぶんこの俺《わし》を罵詈讒謗《ばりざんぼう》なすったことがある、俺《わし》の貸金のこと、また利息のことでな。だが、俺はいつも肩をすぼめて、じっと我慢してきた。なにしろ辛抱ってのは、俺たち同族の帽章《しるし》みたいなものだからね。

旦那は俺を罰当りだとおっしゃった、人殺しだともおっしゃった、そして俺たちのこの上衣《ガバディーン》に、唾液《つばき》まで吐《は》っかけなすった、それもみんな、俺が俺の物を使うのが悪いんだそうだ。それが、なんと、今日はその俺に助けてもらいたいそうな。やれやれ、俺んとこへ見えて、こうおっしゃる。「シャイロック、金が要用《いりよう》だ」とね、そうでござんしょう。（後略）

アントーニオ 僕はね、これからだって君を犬呼《よば》わりもすれば、唾ァ吐っかけもする、いや、蹴飛《けとば》しだってするだろうよ。この金、貸してくれるというなら、友達に貸すとは思うな。考えてもみろ、かりにも友情が友達相手に石女《うまずめ》の金を貸して、それで子供を産ませたって、そんな例《ためし》でもあるのか？

（第一幕・第三場95―123）

ここでアントーニオのシャイロックと金融業に対する侮蔑感が、本人の口からも明らかになる。有難くも、金を貸してくれるという相手に対して、唾を吐きかける、という。この差別意識は尋常ではない。

ユダヤ人は、自らは神の選民としての意識を持ちながらも、キリスト教徒からは、賤民扱いされてきた。ユダヤ人というだけで、烙印《らくいん》を背負う生き方を余儀なくされた例は多い。

確かに、人間には、貴賤があり、人格に優劣があるのは、動かしがたい事実だ。しかし、職業その他の社会的属性や信仰そのものによって、初めから貴賤が決まるわけではない。これは言わずもがなである。

生業《なりわい》こそ、すべてに優先する。ユダヤ人（シャイロック）にとっては、たまたまそれが金融だった。アントーニオにせよ、世界各地から、品物を安く仕入れて、利益が出る値段で売っているわけである。特に当時のヨーロッパ商人は「大航海時代」の名のもとに、各地で盗賊団まがいのことをやっていた。アントーニオに、シャイロックを倫理的に見下す資格はない。

シャイロック自身は、アントーニオに蔑まれる理由を「俺がジュウだからだ」（第三幕・第一場46）と述べる。そして、ユダヤ人もキリスト教徒と同じ人間なのだと怒りをぶちまける。本文中に頻繁に登場する「ジュウ」とは、当然ながら、ユダヤ人のことだ。

シェイクスピアは、アントーニオの口を通して、当時の民衆のユダヤ人に対する憎悪と怨念《おんねん》を代弁している。したがって、シェイクスピアの思惑では、ここは、読者や観衆がアントーニオに対して、拍手喝采する場面であろう。

反ユダヤ主義は、決して、突如としてアドルフ・ヒトラーが発明したものではない。見えない場所で、脈々と、続いてきたのだ。ヒトラーは、ドイツ国民の意識の底に巣食うユダヤ人蔑視の闇《やみ》を、白日の下に晒《さら》すべく、言語化したのだ。だからこそ、ドイツ人は、ユダヤ人排斥運動を熱狂的に支持したのだ。断じて、「ヒトラーに騙《だま》された」では済まない。

担保抜きの借金は「人肉契約」である

シャイロックとアントーニオが融資の契約を結ぶ場面へと、舞台は続く。シャイロックは、もし期日までに返済できなければ、アントーニオの身体から肉を一ポンド切り取る権利を要求する。喧嘩腰のアントーニオは、バッサーニオの手前、この要求を呑《の》んでしまう。

シャイロック　つまり、斯々《かくかく》の日、斯々の場所で、証文通り斯々の額が、万一もし返済できぬという場合には、違背金《いはいきん》として、旦那の身体のどこからでも、好きなところから、その真白い肉をきっかり一ポンド、切って取ってもいいってことを明記していただきたいんで。

アントーニオ　ああ、いいとも。その証文に判を捺《お》そう、そして、ユダヤ人も案外御親切だと申上げようよ。
バッサーニオ　僕のために、そんな証文に判を捺《お》しちゃだめだ。なに、無いなら無いで、僕は我慢していられるから。
アントーニオ　なに、君、大丈夫だよ。違約などしはしない。この二月《ふたつき》以内に、それでもまだ証文の期限には一月《ひとつき》あるが、それまでにちゃんと心づもりはある、この証文の金額の九層倍は返ってくるというね。

（第一幕・第三場136―148）

そして、アントーニオは第一幕の退場間際《まぎわ》、「こんなこと、心配することはない。きっと僕の船が、期限より一月前には帰ってくるのだから」と述べている（第一幕・第三場169―170）。だがアントーニオの台詞《せりふ》は、「たぶん、大丈夫」という希望的観測にすぎないことに注意されたい。

実は、この契約の最大の問題は、担保抜きの契約、という点にある。担保があるとすれば、それは己《おのれ》の生身《なまみ》のカラダしかない。

担保抜きで借金をして、どうしても払えない場合、最後は「身体で払わされる」。女性の場合、売春を強要されるのは昔からあることだ。男性も、保険金を掛けて殺される（自殺を強要される）という例は、決して少なくない。

「担保なしで大丈夫」という闇《やみ》金融など、ちっとも大丈夫ではない。そんな甘い話があるはずがない。資本主義経済において契約は絶対である。契約を破った者は、生きる資格がない。シャイロックはそのことが身に染みて分かっていた。

考えてみれば、シャイロックばかりがことさら冷酷なのではない。担保抜きの借金の契約を結ぶということは、突き詰めれば「人肉契約」であり、「返済できなければ、命の保障はない」ということなのである。

第2幕　裁き

アントーニオの自業自得《じごうじとく》

アントーニオから借りたお金を元に、バッサーニオは、ポーシアへの求婚を首尾よく成功させる。だが、喜びに浸《ひた》るのも束の間《つかのま》。バッサーニオのもとに、アントーニオからの手紙が届く。バッサーニオは、婚約者となったポーシアに手紙を読んで聞かせる。

バッサーニオ　〔読む〕バッサーニオ君、僕の持船はことごとく難破してしまった。債権者たちは薄情になるし、事態はいよいよ悪い。例のジュウ〔ユダヤ人〕への証書も期限が切れた。こいつ〔肉一ポンド〕を払えば、まず僕の生命《いのち》はないのだから、君と僕との債務関係は一切帳消しだ。ただ、最後《いまわ》の際《きわ》に一目《ひとめ》君に遇《あ》えたらとは思う。しかし、それも君の心次第だ。君の友情が君を動かすのでなければ、この手紙など意に介しないでくれたまえ。

（第三幕・第二場313―317）

自業自得といえば、そのとおりである。アントーニオは、確かに自信満々で、シャイロックと契約を結んだのだ。

やはり、責められるべきは、アントーニオの危機管理能力の欠如である。船舶ならば、一定の確率で沈没するリスクを抱えている。「きっと僕の船が帰ってくる」という呑気《のんき》さでは、済まない。不運が重なったが、最悪の事態を想定せずに、安易にその場の勢いで、シャイロックと契約を交わしてしまったアントーニオのほうが悪いのだ。弁解の余地はない。

シャイロックは、本気でアントーニオの肉を切り取るつもりである。

大義のために小義を曲げるという理屈

いよいよ、『ヴェニスの商人』最大の見せ場、「人肉裁判」へと舞台は進む。判事に変装したポーシアが、シャイロックとアントーニオらの前に立つ。

今や財産を手にしたバッサーニオは、アントーニオを助けようとして、自分が払うと申し出る。そして、シャイロックを憎むあまり、今回ばかりは、ポーシア扮《ふん》する判事に、職権で法律を曲げるべきであると主張する。

バッサーニオ　お願いでございます、今度だけは、どうか御職権をもって、法を曲げていただけますよう。大義のためには小義を曲げて、この悪魔奴に一泡《ひとあわ》吹かせてやっていただきたい。

ポーシア　いや、それはならぬ。ヴェニスのいかなる権力といえども、定《きま》った法を変えることは許されぬ。このようなことは、えて前例となって残り、同じ前例から様々の乱れが、続出するものだからな。それだけはできぬ。

シャイロック　ダニエル様のお裁きだ。いやはや、ダニエル様の再来！　お年は若いが名判官、いや、まったくお見上げ申しました。（第四幕・第一場207―216）

このバッサーニオの「大義のためには小義を曲げて、この悪魔奴に一泡吹かせてやっていただきたい」という主張は、きわめて重大な意味を持っている。なぜなら、これは現実に行なわれていることだからだ。

極論を言えば、たとえば、オウム真理教の教祖が、厳密に法律的に殺人罪に該当するかどうかは、実は今の日本では、どうでもいいことなのだ。大多数の国民は、松本智津夫《まつもとちづお》被告の死刑を望んでいる。だから、死刑になる。そうでなければ、世間が納得しない。たとえ本人が直接的に指揮を下していようといなかろうと、オウムの教祖には生贄《いけにえ》として死んでもらわなければならない、という事情がある。問題となるのは、死刑を前提に、どのように法律的にもっともらしく辻褄《つじつま》を合わせるか、ということである。これが、本当のリーガル・マインドである。

ポーシアの「定った法を変えることは許されぬ」という台詞《せりふ》は、まったくもって、正しい。しかし、なかなかそうはならないのが現実である。だからこそ、シャイロックは、「ダニエル様のお裁きだ」と絶賛するのである。

法廷を去るシャイロックの後ろ姿

もはや、ポーシアやバッサーニオが、元金の数倍を払うと申し出ても無駄だった。シャイロックの決心は変わらない。ついに、ポーシアは、判決を下す。

ポーシア　その商人［アントーニオ］の肉一ポンドは、その方［シャイロック］のものだ、法廷がこれを認め、国法がこれをあたえる。
シャイロック　いや、もう実に公正な判事様だて！
ポーシア　よって、その方は該肉片《がいにくへん》を彼の胸より切取らねばならぬ、国法がこれを許し、法廷がこれをあたえる。
（第四幕・第一場291―295）

シャイロックはアントーニオの開《はだ》けた胸に、短刀を突きつける。すべてはこのときのためだった。

ポーシア　ちょっと待て、まだあとがある。この証文によれば、その方に血は一滴も与えておらぬが、それでよいか、文面にははっきりとこうある、「肉一ポンド」とな。証文通りにやるのだ、肉一ポンドだけは取るがよい。だが、よいか、切取る際に、もしキリスト教徒の血、一滴たりとも流した場合は、その方の土地、財産、ことごとくヴェニスの国法にしたがって、ヴェニスの国家へ没収するが、それでよいか？
グラシアーノ　ああ、公正な判事様！　聞いたか、ジュウ［ユダヤ人］、学の深いお方だ！

シャイロック　それが法律でございますかな？
ポーシア　自身で条文を見るがよい。一途に正義を中立てたのはその方だ、だから、その方が望む以上の正義を取らせようというのだ。
グラシアーノ　なんて学の深いお方！　聞いたか、ジュウ？　博学な判事様！
シャイロック　では、この方をいただきましょう。証文の三倍頂戴して、耶蘇［キリスト教徒］どもは放免にしてやっておくんなさいませ。
バッサーニオ　これが金だ。
ポーシア　いや、待て！　ジュウには一分一厘証文通りを取らせるのだ。急ぐことはない。科料《かりよう》以外は、鐚《びた》一文たりともやってはならん。
（第四幕・第一場296―314）

ポーシアの声が無情にも鳴り響く。シャイロックが丹念に積み重ねた復讐へのシナリオは、もろくも崩れ去った。
しかし、シャイロックに肉を抉《えぐ》る勝機はあった。シャイロックは、アントーニオに短刀を手渡し、「自分で肉を抉り取って、私に手渡せ」と言えばよかったのである。これで、アントーニオは自ら胸を切り裂き、『ヴェニスの商人』は、悲劇として完結することになる。

だが、シェイクスピアの筋立てでは、シャイロックは、アントーニオから肉を抉ることも、元金を返してもらうこともできなくなってしまう。キリスト教徒の生命を脅《おびや》かした罪で、シャイロックの財産の半分は、アントーニオのものとなり、もう半分を国家に没収されてしまう。

十九世紀後半のドイツの法哲学者イェーリングは、『権利のための闘争』で、この裁判の不備を逐一指摘し、シャイロックは財産を騙し取られたのだと断ずる。曰《いわ》く、「およそ血のない肉などというものが考えられるだろうか」。

ともあれ、形勢が逆転したアントーニオは、勝ち誇ったように慈悲をかけて言う。「公爵様、並びに満廷の方々に申上げます、どうか彼の財産の一半に対する罰金とやらも、赦《ゆる》してやっていただきたい」。さらに、シャイロックに対して、「このお慈悲に対し、直ちにキリスト教に改宗致しますこと」を要求する。

こうしてシャイロックは、有無を言わさず強引にキリスト教徒へ改宗させられることが決まり、法廷という舞台から去っていく。

イェーリングは言う。「こそこそと出てゆくのはシャイロックという特定の個人ではなく、中世ユダヤ人の典型的な姿、つまり権利を求めてわめき立てても、聞きとどけてもらえない賤民の姿だ」と。

愚直なほどに契約とヴェニスの国法の効力を信じたシャイロックは、己の信じたものに嵌《は》められたのだ。

終幕　我々の中のシャイロック

率直に言って、私はユダヤ人が、民族として何か良からぬ策謀を企《たくら》んでいるとは考えない。もちろん、シャイロック以上に、悪辣《あくらつ》なユダヤ人もいることだろう。しかしそれは、ユダヤ人であるが故《ゆえ》、とは思えない。人それぞれ、である。

では、私たちが、地に足が着いた生活を送るうえで、どうユダヤ人問題と折り合いをつけていけば、よいのだろうか。もしくは、自分の中に潜むシャイロックの要素と、どう付き合っていけばよいのか。

私たちは、個人レベルで「ユダヤ人の商才から、学ぶべき点は学ぶ」ということでかまわない、と思う。私自身が、そうである。日常生活でいちいちユダヤ人を共通の問題として取り上げなくても、まったく差支《さしつか》えがない。

また、私はユダヤ人に対して、いかなる偏見も差別感も持ち合わせてはいない。もちろん、ことさら誉《ほ》めようとも思わない。実際に、接触したことがないのだから、当たり前だ。

むしろ、私が激しい偏見を抱いているのは、軽々しく、「ユダヤの陰謀」とか言い募《つの》る連中に対してである。体験的に言って、この手の者たちは、向上心も運動神経もなく、自分の実力不足を他人のせいにし、言い訳ばかりする。もちろん、悪口と他人の足を引っ張ることだけには長《た》けている。

ユダヤ人が金融で確固たる地位を占めていることは、ちょうど、在日コリアンが、日本の焼肉・パチンコ業界で確固たる地位を築いていることと、同じことではないか。

さらにシャイロックを通して、人間や世の中なるものの深淵を学びたい。このような思いを持たれる方には、ジョン・グロス著『ユダヤの商人シャイロック』（青土社刊）を薦めたい。シャイロック研究の決定版とも言うべきものである。私も、この本に触発された。

3

近代資本主義の精神をつくったのはプロテスタントではない

——羽入論文をめぐって

伊藤睦月《むつき》

近代資本主義の精神は、プロテスタンティズムがつくったというマックス・ヴェーバーの説は、揺るぎない定説として、これまで日本の学界でも疑義を差し挟《はさ》むことすら許されてこなかった。ところが、近年この聖典化された定説に敢然と異議を唱える日本人学者が現われ、各界に波紋を広げている。彼の真意はどこにあるのか。もしそれが正しいのだとすれば、この先、議論はどこへ向かうのか。まずは、その説に耳を傾けてみよう。

マックス・ヴェーバーを詐欺師《さぎし》よばわりする告発者

マックス・ヴェーバー（1864―1920年）といえば、いわずと知れた社会経済学の大御所である。とりわけその著書『プロテスタンティズムの倫理と資本主義の精神』（1905年）は、一見関連がなさそうにみえるプロテスタンティズムと資本主義の間に、密接な関係があることを論証した名著として、なかば「聖典化」した存在として知られている。ところが、その大御所に向かって、

「マックス・ヴェーバーは詐欺師である」

こう断言する研究者（告発者）が現われた。告発者の名前は羽入辰郎《はにゅうたつろう》。この衝撃的内容を持つ論文集のタイトルは『マックス・ヴェーバーの犯罪―「倫理」論文における資料操作の詐術と「知的誠実性」の崩壊―』（2002年9月、ミネルヴァ書房刊）である。

彼の言い分を聞いてみよう（告発者の発言はいずれも『マックス・ヴェーバーの犯罪』〔以下『犯罪』と略す〕からの引用。発言末尾のページ表記は同書の該当ページ）。

質問者：マックス・ヴェーバーが「詐欺師」とはどういうことですか。

告発者：ヴェーバーは、おのれの学問的代表作たる研究論文（『プロテスタンティズムの倫理

と資本主義の精神』（以下『倫理』論文と略す））において、ルター聖書の原典すらきちんと調べてはいなかった（1p）。

社会科学の方法論に関する彼の論究において彼があれほどまでに高い価値を置き、他人に対しても要求した「知的誠実性」の要求に彼自身は悖《もと》っていた（1p）。

知的誠実性の観点から彼の行ったその行為を検証する時、それらの大多数は過失ではなく、故意を意味する。（中略）ヴェーバーは『倫理』論文において、彼が『職業としての学問』においてわれわれに課したほどには知的に誠実でなかった、と。（中略）彼は学者として不誠実であったのである（274p）。

世間では普通、こうした作業を指して「でっち上げ」と言い、そうした作業をした人物を「詐欺師」と呼ぶ（191p）。

質問者：どうやってそのことがわかったのですか。

告発者：『倫理』論文のテキストとそこで引用されている資料との間で可能な限り厳密な照合を行うのは、（中略）これは言うまでもなく、学問にとっては実は最も基本的な検証作業、第一段階の作業にしか過ぎない。しかしながら、これまでのヴェーバー研究におい

「近代資本主義は、プロテスタントがつくった」

マックス・ヴェーバー（Max Weber, 1864―1920）
社会科学における20世紀最大の学者。主著『プロテスタンティズムの倫理と資本主義の精神』をはじめとするその言説は、「カノン（聖典）」として絶対視されてきた。

ては最も基本的な初歩的作業こそが欠落していたのである。さきに、これまでのヴェーバー研究は科学の名に値してこなかったと述べたのは、正にこの意味においてである（5−6p）。


質問者：あなたがこの研究を行ったきっかけはなんですか。

告発者：素人である妻の言葉です。

「マックス・ヴェーバー、ここで嘘付いているわよ」

「嘘付いていなきゃ、こんなにくだくだしく書く必要ないじゃない。やれメルクス顧問官に世話になったとか……」

「今やってること無駄よ。止めなさい。テキスト読んで分かるような書き方、ヴェーバーしてないもの。それより資料集めよ。（中略）特にヴァイマール版のルター全集ね。この夏は図書館めぐりよ。服が塩吹くくらい回るのよ。こういう人間は必ず何かやってるわよ。必ず何か出てくるわ。大体が詐欺師の顔してる。嘘付いてるからビクビクしてるのよ。私、あなたがこんな奴に引きずり回されてると思うと腹立つのね」（はじめに）

この論文が世に出されるまでと、ドイツでの反響

この論文集の構成は、「序文」のあと、次のように続く。

第1章　"calling" 概念をめぐる資料操作　―英訳聖書をみていたのか―
第2章　"Beruf" 概念をめぐる資料操作　―ルター聖書の原典ではなかった―
第3章　フランクリンの『自伝』をめぐる資料操作　―理念型への固執―
第4章　「資本主義の精神」をめぐる資料操作　―大塚久雄の〝誤読〟―
終章　『倫理』論文からの逃走

この第1章から第4章は、羽入氏が東京大学大学院人文科学研究科における博士論文として執筆したものだが、「資料操作」「誤読」といった刺激的な言葉が並ぶ。「ヴェーバー産業」（ヴェーバーの言説を飯の種にしている人たち）に携わる人たちから、有形・無形の〝非難・中傷〟を受けてきたことは想像に難くない。

そこで、羽入氏はまず、論文をドイツ語で作成してドイツの学術雑誌に発表し、そこから逆輸入する形で日本の学会誌に発表している。

特に第4章にいたっては、日本におけるヴェーバー研究の権威、あの「大塚久雄《おおつかひさお》」に言及していたために、雑誌の編集者から「大塚久雄批判であり、その部分を書き直さなければ掲載不可」と通告されたほどで、事実、1993年から五年の間、店《たな》ざらしの憂《う》き目を見た。つまり大塚久雄氏が1996年にこの世を去るまで、日の目を見なかったのである。

その後東京大学の紀要に掲載を許され、1999年に学会賞を授与された。

一方、彼の論文は、ドイツの学者たちに深刻な影響を与えているらしく、ドイツ学会の重鎮ヴィルヘルム・ヘニスをしてこう言わしめたそうだ。

「貴方はわれわれをどこへ連れて行こうと言うのか」と（『犯罪』261p）。

また現在刊行されている新版ヴェーバー全集の編集者であるハルムート・レーマンの著作にも引用されている。さらには著名なヴェーバー学者であった、フリードリッヒ・H・テンブルックも羽入氏の論文に注目し、共同研究の申し出を行なったという。

「犯罪」を暴《あば》くための方法論

羽入論文の要旨を紹介する前に、彼の方法論について若干説明しよう。

まず、羽入氏はマックス・ヴェーバーの作品は「読解不可能」であると断ずる。しかし、「それが何ゆえ読解不可能なものであるのか」ということは「読解可能」だという。では、マックス・ヴェーバーの論文のどこに目をつけるか。これについては、羽入氏は五つの視点を示している（数字打ちは引用者）。

（1）では、どこが勘どころなのか。彼が奇妙なまでに詳細に論じているところに目をつけること。これが意外に役立つ。恐ろしく詳細に論じているところが実は論点の弱点であることが、マックス・ヴェーバーの場合、往々にしてある。

（2）ただし、そこに目をつけるとしても、その際、彼の詳細な論証そのものには目を奪われぬことである。論証の詳細さのみに目を奪われると「だからやっぱりヴェーバーは凄《すご》いのだ……」という賛美のみに終わってしまう。（中略）

この質問できぬ雰囲気を周囲もまた共有し、彼の死後も受け継いで再生産してきたのである。（中略）

（3）あることを見事に詳細に論ずるということと、果してそのことがそもそも詳細に調べるべき必要のあることであるのか、ということとは全く別の問題である。（中

略）

マックス・ヴェーバーという男に関係ないことを延々としゃべらせてはならない。いやしくも論証するに値する何事かがあたかもその場で詳細に論じ尽くされたかのような印象を最後には聞き手に与えてしまうことによって、本件に関し何事かが論証されたかのような錯覚が与えられてしまうからである。

（4）ヴェーバーの文章は脅《おど》しが強い、（中略）今の一行と、次の一行と、何か論理的につながらぬような気が漠然とするのだが、そうしたこちらの疑問など理解力のない人間の愚かしい疑問にしか過ぎず、こちらが自分の責任で自分の胸にしまいこんでおくべき疑問なのであるなどと思い込まされてはならない。

（5）マックス・ヴェーバーが博覧強記ぶりを表している部分、ここもまた実は狙い目である。博覧強記を前にした時、われわれが往々にして抱く感慨は『自分にはとてもこんなには勉強できない。やっぱりヴェーバーはすごい……』という無力感に打ちひしがれた賛嘆の念である。

その場合、人はヴェーバーが調べた部分を、今一度自分の手でちょっとだけでも念のために調べておこうか、などという気持ちを抱くには至らない。意気阻喪《そそう》したわれわれは、そんな気軽に、調べてみよう、などと思える気分にならない。「そこには問題はなくはなさそうだし、われわれ一般読者には大変難解ですが……これは歴史の大筋としては恐らく間違いのないところでしょう」（大塚訳「訳者解説」：三九七頁）などという大塚久雄のような弱音を、しかしながら吐いてはならないのである。

（『犯罪』17－20ｐまで部分引用）

テーゼそのものの評価とは一線を画す研究

だが、羽入氏は、ヴェーバーの論証に至る学問的手続きを問題にしているのであって、ヴェーバーの「仮説そのものが妥当でない」、といっているわけではない。この点について誤解のないよう念押ししている。

本書で考察されるのはただ、ヴェーバーは『倫理』論文においてそのテーゼを学問的に許されるやり方で構成したのか否かということを確定すること、このことのみである。

『倫理』論文における論証において、ヴェーバーが学問的手続きにおける「知的誠実性」の観点から見る場合には致命的な誤りを仮に犯していたとしよう。しかしその場合にもなお、彼によって『倫理』論文において主張されたテーゼ自体は歴史的には妥当な主張として留まり続ける、ということは十分に有り得ることである。

（『犯罪』9p）

従来のマックス・ヴェーバーに対する賛否は、ほとんどすべて「ヴェーバー・テーゼ」そのものに対するものであったのであろう。羽入氏はこれらと一線を画する。学者なら、ヴェーバー研究家なら、その前にやることがある、ということなのだ。これは学問の初歩なのだ、と彼は力説している。

もし、ヴェーバーが存命の時代に、羽入氏のような研究者が現われ、このような論証を公《おおやけ》にしていたなら、ヴェーバーは学者生命を絶たれていたかもしれない。だからと言ってヴェーバー・テーゼそのものを否定されるとは限らない。

かつてニーチェは古典学者として出発したが、『悲劇の誕生』を仲間の古典学者たち（これには恩師を含む）から徹底的に批判され、学者生命を失い、後に梅毒のせいもあって、狂気の淵《ふち》をさまよった。しかし、ここから「哲学者」ニーチェが誕生した。ヴェーバーも同じ運命を辿《たど》ったかもしれない。どちらが人類にとって良かったのだろうか。

さて、いよいよ告発者の論証のハイライトを見てみよう。

ヴェーバーの資料操作を暴《あば》く

まず、このマックス・ヴェーバーの『倫理』論文の最終目標を確認しておこう。

> 『倫理』論文の最終目標はすでにその表題に明示されている。すなわち、「プロテスタンティズムの倫理」と「資本主義の精神」、この二つのものは一見相互に水と油の如く反発し合うもの、相入れぬものとしか思えぬにもかかわらず、その歴史的起源にまで遡《さかのぼ》ってみれば二つは意外な〝内的親縁関係〟にあるのであって、近代西欧の資本主義社会を形造る上で一つの重要な契機となった「資本主義の精神」は、現世における野放図な単なる営利衝動などから生じてきたものではなく、むしろその全くの正反対物としか思えぬところの古プロテスタンティズムの禁欲的職業倫理に由来するものなのである、というのが『倫理』論文におけるヴェーバーの主張であった。
>
> （『犯罪』197—198ｐ）

まず大きな前提として、ヴェーバーの考える「資本主義の精神」では、宗教色はいささかもあってはならないのである。

そのために、第一章「問題」第一節「信仰と社会層分化」において、まず、ヴェーバーは資本主義の精神と結びつけるものがプロテスタンティズムだけになるよう、「論証」しているのである。

その論拠としたのが「アメリカ資本主義の父」と呼ばれ、科学者にして哲学者・経済学者としても高名なベンジャミン・フランクリン（1706—90年）の二つの文章、『若き職人への助言』（“Advice to a Young Tradesman” 1784）と『富まんとする者への指針』（“Necessary Hints to Those That Would Be Rich” 1736）である。「時は金なり」というあの有名なフレーズは前者に含まれている。

この資料は、ヴェーバーがわざわざ選んできたもので、その理由は、

この史料は、ほとんど古典的と言い得るまで純粋に、ここで第一に問題とされているものを包含している〈宗教的なものと直接の関係を〝全然〟持たず、従って——

我々の論題（テーマ）にとっては――『無前提』（大塚訳では「予断が入らない」）であるという長所を、持っているのである〉。

（以上、『倫理』論文、大塚訳40ｐ、梶山《かじやま》訳88ｐ）

ここで、『倫理』論文の引用文について、一言触れておく。羽入氏はできるだけドイツ語原文から直訳しているが、既刊本の邦訳も参照している。一つは、大塚久雄訳の岩波文庫版、もう一つは、梶山力《つとむ》訳、安藤英治《あんどうひではる》編の未來社版である。両者は因縁浅からぬものがあるが、ここでは触れない。羽入氏は梶山力訳を基本にしている。

この『倫理』論文は、1905年に「アルヒーフ」誌に発表されたが、当時から賛否が相次いだため、その後の反論等を踏まえ大幅に改訂されている。未來社版の梶山訳は、編集者である安藤氏により、その異同が一目で分かるように工夫されているため、研究者にとっては、こちらのほうが便利である。また梶山訳は本邦初訳（1938年）だが、訳文も古びておらず、梶山氏による解説も分かりやすい。

本題に戻る。ここで重要なのは「無前提」的ということである。繰り返しになるが、この『倫理』論文の目的は「プロテスタンティズムの倫理」と「資本主義の精神」というまったくの別物が、実は深い関係にあり、後者は前者から生まれたというパラドックスを論証することにある。したがって「資本主義の精神」には宗教性がまったくないことが絶対に必要なのである。そのことを指して『無前提』（大塚訳では「予断が入らない」）と呼んでいるのである。

もし、「資本主義の精神」に宗教色が少しでも残っていれば、両者が関係あるのは当たり前であって、パラドックスにならない、そうなればこの『倫理』論文の土台が崩壊する。

ところが実際は「予断が入らない」どころではなかった。羽入氏は「資本主義の精神」の論拠とされるフランクリンの二つの文章の全文を『倫理』論文と照合、検証することで、ヴェーバーの資料操作の事実を暴《あば》いたのである。

その方法は、言葉にしてみればあっけないほど単純で、「『倫理』論文のテキストと、そこで引用されている資料との間で可能な限り厳密な照合を行うこと」、ただ、それだけのことを愚直なまでにやり遂げたのである。

そしてその結果、ヴェーバーが行なった資料操作の「事実」を暴き、その資料操作のやり方は、学者としての「知的誠実性に悖《もと》る」と評価し、それは世間の感覚からすれば「詐欺行為」に等しいと断じている。

分かってみれば単純なトリックであった。『倫理』論文は、第一章、第二節の段階で学術論文として「不可」が付けられたのである。これはドイツ・ヴェーバー学会の重鎮が恐怖するはずだ。

『犯罪』において、この事実を暴いたのが第4章であり、残りの3章は、いわばそこに至る露払いのようなものといっていい。

フランクリンの『自伝』の持つ宗教性をヴェーバーがどう取り繕《つくろ》ったのかを検証したのが第3章、そして羽入氏が最初にヴェーバーの詐術を見破った『倫理』論文第三節『ルターの天職観念（Beruf）―研究の課題』について述べたのが、『犯罪』の第1章、第2章である。

つまり『倫理』論文は、第一章にすべての問題があったのだ。

羽入論文に寄せられた批判

このような羽入氏の主張に対し、わが国のヴェーバー学者たちの一部から、厳しい批判・非難の声が上がっている。その代表者が、折原浩《おりはらひろし》氏（東京大学名誉教授）である。彼は『ヴェーバー学のすすめ』(未來社)を著して批判を展開しており、その後橋本《はしもと》努《つとむ》氏(北海道大学助教授)が主宰するホームページにその続編を、他の学者たちとともに数多く寄稿している。

折原氏の批判のさわりを紹介すると、

羽入は、「倫理」を無理やり自分の無概念的感得の水準に引きおろし、没意味文献学を「拷問」具(「プロクルーテースの顕微鏡」)に用い、なんとか「問題」に仕立てようとする。その無理から擬似問題の創成が避けられない。以後四つの擬似問題をめぐる「ひとり相撲」が、無理と矛盾をさらし、罵詈雑言と自己陶酔を吐露しながら、延々と繰り広げられる。もとより、いずれも詐欺師説の論証に至らず、徒労に終わっている。

(以上、折原著『ヴェーバー学のすすめ』114p)

折原氏はかなり厳しい言葉を並べているが、私の見るところ、彼の言いたいことを言い換えると、こうなるだろう。

たしかに私はしばしば、ヴェーバー批判に対してかれの所説を擁護したことがあった。けれども、それはたいてい、ヴェーバー学説の基本的な立場なり論旨の大筋をまったく無視あるいは誤読した上で、見当違いな実証的批判なるものが行われたり、あるいは、どんなすぐれた学者でも免《まぬか》れがたいような細部のミスを探し出して、それで彼の全学説が今にも崩壊するかのような主張がなされている、と感じたときのことである。（以上、大塚＝生松訳『宗教社会学論選』216p。太字は引用者）

折原氏は学問的には大塚久雄氏に批判的な立場をとっているそうだが、こと羽入氏に対しては大塚氏と同じことを言いたいのであろう。一言でいえば、羽入氏はヴェーバーを「誤読」しているのである、と。

ヴェーバーを「カノン」として捉《とら》える人々

折原氏も大塚氏も、そして他の多くのヴェーバー研究者たちもそうだろうが、方法や程度の違いはあれ、ヴェーバーの言説を一種の「カノン」（Canon：正典。元来は「聖書」のこと）として捉《とら》え、神学（Theology）そのものとはいわないが、正典の解釈に取り組んできたことでは共通している。いわば同じ「土俵」の上に乗っている。
そのことは、橋本努氏の次の文章によく現われている。

いずれにせよ、ウェーバーは今後も、**時代の傾向を読むための重要なカノン**でありつづけることは間違いない。振り返るならば、**戦後日本の社会科学においてウェーバーがカノンとされたのは、まさに日本における近代的な精神を陶冶《とうや》する際の、知的権威としてであった。**しかし、そうした近代化の精神を批判する場合に、ウェーバーが批判されると言うよりも、むしろ既存のウェーバー解釈が「批判」され、ウェーバーは逆に近代への批判者として、新たに再カノン化されることになった。つまり、ウェーバーというカノンは、それを批判する観点からもカノンとして保持されたのであった。カノンを批判する観点を他ならぬ同じカノンが提供するという事態は、いまだにわれわれの世界に刻印を打ったというに値する。**その意味でウェーバーは、これから何度も「読み直し」と「再規定」を呼び起こすだろう。**
（橋本努「ウェーバー的問題の今日的意義」、『マックス・ヴェーバーの新世紀』未來社刊所収から引用。太字は引用者）

しかし、羽入氏は少なくともこの『犯罪』においては、折原氏らと同じ土俵に上がっていない、というより上がることを拒否している。そして彼らの研究を「科学 Science の名に値していない」と指摘し、あくまでも「書いてある事実」だけにこだわっている。事実にこだわることは、「科学 Science」に近づくための第一歩である。そして「論理 logic」と「証明 testify」に徹しようとしている。

この点が彼らを困惑させ、怒りを誘発しているのであろう。羽入氏にとって、ヴェーバーは「カノン」ではない。

この対立は、ざっくりと言ってしまえば、ヴェーバー研究という「人文学 Humanities」における「神学的アプローチ」と「科学的アプローチ」の対立とでも言おうか。

ところで、羽入氏は『犯罪』の中で、心情を吐露した文章を随所にちりばめている。私はたとえば次に紹介するような文章などから窺《うかが》える羽入氏の覚悟や嘆息のようなものに深い共感を覚える。

学問とは常に暴露の試みであるべきであり、事実の暴露、それも往々にして「不快な事実」の暴露であるべきなのである。われわれがこれから行おうと考えていることは、マックス・ヴェーバーに関する「極めて不快な事実」を提示することである。学問とは常に、われわれ研究者にとってはそうした不快な事実に「どこまで耐えられるのか」を試すための試練なのである。学問的営為とは研究者にとっては、これまで自分を支えてくれた甘美な幻想をおのれの手で破壊してゆく作業のことなのであり、そして自分の幻想が次々と破壊されてゆくというこの心理的に苛酷なプロセスに極限まで耐えつづけ、にもかかわらず理想を捨てぬことなのである。

（『犯罪』6p）

人がどういう学派に属しようと、学問はしょせん事実でしかなく、事実というものは人がどの学派に属していようと変わらない。そして事実というものの持つ恐ろしさは、それを人の側が認めたがるか認めたがらぬかなどということには一切関わりなく、認めたくない人間に向かってもまた、ただひたひたと迫ってゆくだけのことであるということにある。（中略）

学問は自分が方向転換する際に、その曲がり角で押し潰されていく人間達の感情などを顧慮してくれない。一生をおのれに捧げてくれた人間達を平気で押し潰しながら、学問というこの女神は勝手に方向転換してゆく。そこに学問の持つ非情さがある。ヴェルトフライハイト（価値自由：引用者）とは何とも酷いものである。

（『犯罪』261―262p）

では、誰が近代資本主義をつくったのか

『マックス・ヴェーバーの犯罪』は、平成15年（2003年）にPHP研究所が主宰する「山本七平賞《やまもとしちへい》」を受賞した。その選考委員の一人である、故竹内靖雄《たけうちやすお》氏（成蹊大学名誉教授）は「最後に残される謎」と題するコメントの最後で、次のように述べている。

最後に読者に残されるのは、「ヴェーバーの推理（資本主義の精神はプロテスタンティズムに由来する、という仮説のこと：引用者）が崩れたとすると、資本主義の精神の〈真犯人〉は？」という謎です。この謎の解明については、また別の名探偵の登場を待たなければならないでしょう。

（月刊誌「Ｖｏｉｃｅ」２００４年１月号）

我々の関心も、「では、近代資本主義の精神をつくったのは誰か」ということに向かっている。次章において、私なりの仮説を試みることにしたい。

〈参考文献〉
1. 羽入辰郎『マックス・ヴェーバーの犯罪―「倫理」論文における資料操作の詐術と「知的誠実性」の崩壊―』ミネルヴァ書房　2002年
2. マックス・ヴェーバー／梶山力訳・安藤英治編『プロテスタンティズムの倫理と資本主義の《精神》』未來社　1994年
3. 同／大塚久雄訳『プロテスタンティズムの倫理と資本主義の精神』岩波書店（岩波文庫）　1988年
4. 同／大塚久雄・生松敬三訳『宗教社会学論選』みすず書房　1972年
5. 折原浩『ヴェーバー学のすすめ』未來社　2003年
6. 安藤英治『ウェーバー歴史社会学の出立』未來社　1992年
7. 橋本努、橋本直人、矢野善郎編『マックス・ヴェーバーの新世紀―変容する日本社会と認識の転回―』未來社　2000年
8. 大塚久雄『社会科学における人間』岩波書店（岩波新書）　1977年
9. 金井新二『ウェーバーの宗教理論』東京大学出版会　1991年
10. 小笠原眞『ヴェーバー宗教社会学の新展開』有斐閣　2003年

4

「近代資本主義・ユダヤ人起源説」を、いちはやく見抜いたのは誰か

伊藤睦月

近代資本主義をつくったのがプロテスタントではないとするならば、では、一体誰がつくったのか。それはユダヤ人に他ならないと唱える説が、マックス・ヴェーバーと同時代にすでに存在していた。その学者の名はヴェルナー・ゾンバルト。だが、彼の説は長い間顧《かえり》みられることがなかった。それは、なぜか。本稿では、ゾンバルトの主張を追い、彼の説が意図的に黙殺、軽視されてきた歴史の謎に迫ることにしよう。

I　近代資本主義・ユダヤ人起源説

ヴェーバーの同志、ヴェルナー・ゾンバルト

「近代資本主義の精神をつくったのはプロテスタントである」、というマックス・ヴェーバーのテーゼは、羽入辰郎著『マックス・ヴェーバーの犯罪』により、成り立たないことが論証された。我々は次の段階に進まなければならない。

では、近代資本主義を誰がつくったのか？

実は一〇〇年前にその答えを追究した学者がいた。その学者の名は、ヴェルナー・ゾンバルト（Werner Sombart 1863－1941）。マックス・ヴェーバーより一年早く生まれ、彼の死後二一年生き、そして特にわが国では、最近まで忘れられていた男。この男はヴェーバーとも親交があり、「価値自由」の確立を目指してともに闘った「同志」でもあった。

ゾンバルトは、最初はマルクス主義経済学者として出発し、マルクスが用いなかった

「資本主義」という用語を世に広めたことで知られている。その後マルクス主義と決別し、「唯物史観」に対抗して「精神史観」を唱えた。マックス・ヴェーバーも、その流れの中にいる。

また、彼の企業家についての所見は、シュンペーターやドラッカーのそれを先取りしている。彼の著作や所説は、同時代および後世からも高く評価され、多くの学者から言及されている。特にアナール学派を代表する歴史家で、わが国でも『地中海』などの著作で識者に大変人気があるフェルナン・ブローデル（Fernand Braudel 1902－1985）は、彼を高く評価し、自分の著作に積極的に取り入れているほどだ。

ゾンバルトはその著作『ユダヤ人と経済生活』（1911年）や『ブルジョワ』（1913年）などの著作の中で、近代資本主義の精神はもちろんのこと、近代資本主義そのものもユダヤ人がつくったと主張した。しかし、いつの間にか言及されなくなり、忘れられた形になっている。

それでは、彼の「近代資本主義・ユダヤ起源説」を紹介し、そしてなぜ、この説が「忘れられたか」について考察しよう。

「近代資本主義は、ユダヤ人がつくった」

ヴェルナー・ゾンバルト（Werner Sombart, 1863—1941）
近代資本主義はプロテスタントではなく、ユダヤ人がつくったと、いちはやく主張したが、その説はなぜか、その後忘れ去られた。

大著『ユダヤ人と経済生活』

『ユダヤ人と経済生活』は、日本語訳（金森誠也《かなもりしげなり》・安藤勉《あんどうつとむ》訳、荒地出版社）で本文五五一ページ、注が七〇ページある大著である。全体構成は次の三部に分かれている。

「第一部　近代国民経済形成へのユダヤ人の関与」では、ユダヤ人と近代資本主義の関係について、両者がきわめて深い関係にあったことを、豊富な資料を用いて論じている。

「第二部　ユダヤ人の資本主義への適性」においては、ユダヤ人が資本主義にいかに適合しているかを、とりわけ宗教生活との関連において詳しく述べている。

「第三部　ユダヤ的本質の誕生」では、いかにしてユダヤ人固有の性質が発生したかを解く、いわばユダヤ人種論を展開している。

マックス・ヴェーバーの『倫理』論文は、「資本主義の精神」が、一見異質な「プロテスタンティズムの倫理」に由来する、というパラドックスを論証しようとしたものだが、ゾンバルトの『近代資本主義』のユダヤ人に関するコメント（ユダヤ人こそ資本主義精神を体現している）に触発されて書かれたものである。

金井新二《かないしんじ》氏は、その優れた論文集『ウェーバーの宗教理論』（東京大学出版会）において、「ウェーバーに対するゾンバルトの影響がいかに大きいかは明らかである。『倫理』論文の論点のほとんどは、すでにここに出ており、これが土台となっていることは明らかである。ただどのように説明するかが異なるだけである」（同書99p）とされている。

私は両者の説明の違いを、ユダヤ人の取扱いの違いとみている。

それでは、「近代資本主義・ユダヤ起源説」のポイントを紹介しよう。

ユダヤ人が結集したところに近代資本主義は成立した

ゾンバルトは、近代経済の発展の経過について、F・ブローデルに遡《さかのぼ》ること半世紀以上も前に、次のような見解を述べている。

> まるで太陽のように、ユダヤ人はヨーロッパ全土の上に照り輝いた。ユダヤ人が来る所には新生命が芽生え、ユダヤ人が去った所では、これまで栄えたものすべてが衰えていった。ユダヤ人が十五世紀以来体験した有名な移動、変動の状態を少しでも思い出すならば、この観察の正しさがすぐに確かめられるだろう。
>
> （ゾンバルト『ユダヤ人と経済生活』、以下『経済生活』と略す。41p）

そうして、ゾンバルトはその具体的な例として、ユダヤ人のスペイン、ポルトガルからの追放（1492年、1495年、1497年）という事実を指摘する。そしてほぼ同時代にドイツの各都市でもユダヤ人が追放された。ケルン（1424年から1425年）、アウグスブルク（1439年から1440年）、ストラスブール（1483年）、エアハルト（1458年）、ニュルンベルク（1498年から1499年）、ウルム（1499年）、レーゲンスブルク（1519年）。

これら著名な中世商業都市は経済的に没落していった。逆に、彼らを受け入れたフランクフルト・アム・マインとハンブルクが繁栄していくのである。イギリスでも、イタリアでも同様である。そして、ユダヤ人が移住した都市の中心、いわばユダヤ・ネットワーク上の首都がアムステルダムだったわけである。

また、アメリカの場合、ヨーロッパ以上にユダヤ人の影響は明らかである。副島隆彦氏はアメリカ合衆国という国は、「初期にイギリス系白人とともに、徐々にユダヤ人が移民として流れ込んできて、この両人種が契約を結んで建国した国である」（『世界覇権国アメリカを動かす政治家と知識人たち』講談社、248p）と指摘している。

これについてもゾンバルトの著作に詳しい。彼は、セオドア・ルーズベルト（1858

―1919年）とグローバー・クリーブランド（1837―1908年）という二人の大統領経験者の証言を記している。

アメリカ合衆国にとってのユダヤ人の功績を語るにあたって彼（セオドア・ルーズベルト）は、事物の核心にふれるような言いまわしをした。**「ユダヤ人はこの国の建設に関与したのだ」**と。

さらに元大統領のグローヴァー・クリーブランドは、同じ機会に次のように述べた。

「たとえそのような民族があったとしても、ごく少数の民族だけがユダヤ人以上にアメリカニズムの発展の形式と方向に直接、間接の影響を与えたとわたしは信じている」

（『経済生活』72―73p、太字は引用者）

ユダヤ人が北アメリカに「正式に」入植したのは、1654年。ピルグリム・ファーザーズのプリマス上陸が1620年だからその約三〇年後になる。しかし、北アメリカに移住してきた最初のユダヤ人は、ブラジルから移動してきたのである。彼らはコロンブスと同時期、１４９２年にはすでに新大陸に入植しているのだ。そしてブラジルでのユダヤ人追放によりオランダ領ニュー・アムステルダム、現在のニューヨークへ移動し、そこから北米各地へ散っていったのである。これらの事実をゾンバルトは詳細に紹介している。

今日、ニューヨークは、ユダヤ人の居住が多いことから「ジュー・ヨーク」とも呼ばれているが、その前にすでに「ジュー・テルダム」であったのだ。

なお、ゾンバルトは、コロンブスのアメリカへの航海資金が、没収されたユダヤ人資産であること、またコロンブスがユダヤ人であったという説を同書（１９１１年）でも紹介している。

以上みてきたように、ヴェーバーが、近代資本主義の精神発生の地とした地域は、すべてユダヤ人が結集し、経済活動の中心をなしていた。これでは近代資本主義形成にユダヤ人の寄与がまったくなかったとは言い切れないだろう。ゾンバルトは事実の提示でもってこれを示した。ヴェーバーはこういう事実にはまるで関心がなかったかのようである。

ユダヤ人たちこそ、金融制度の担い手にして形成者

「金の貸付から、資本主義が生まれた」とゾンバルトは語る。

> 資本主義の基本理念は金の貸付のなかにすでに萌芽がある。資本主義は、そのもっとも重要な標識を金の貸付から受けとった。（中略）
>
> それに加えて近代資本主義のまさにかなりの部分が歴史的に金の貸付（前貸、借款）から発生したという事情がある。（中略）株式会社は直接生産的な内容をもつ金の貸付業に他ならないからである。
>
> そういうわけで、われわれは、金の貸付業がつくられていくなかで、ユダヤ人が客観的に資本主義の組織を創造し、促進し、さらに拡大する能力をもっていた事情をふたたび明らかにした。
>
> （『経済生活』288―290p）

そういった「資本主義の組織」＝制度のひとつとして、ゾンバルトは有価証券の発生（裏書できる手形、株券、銀行券、部分債務証書）について、ユダヤ人が相当関与していたことを示唆する（第六章　経済生活の商業化）。ゾンバルトはあくまでも、資料に基づく推論を心がけているので、すべてユダヤ人の発明だ、とは安易に断定しない。

ただし、無記名証券については、タルムードにその規定があることから、ユダヤ人の発明だろうという仮説を立てている（『経済生活』122―126pほか）。

なお、この無記名証券について、ゾンバルトは興味深い指摘をしている。それは無記名証券がユダヤ人の「財産保全」に役立った、という指摘である。


そして、中世全期、さらに近代に入ってからも、なんらかの意図によって送付貨物や債務の本来の受け取り人であることを、かくすというこの手口は、ユダヤ人にとってはしばしば効果があったに違いない！　そこで無記名証券の形式が、あのようなかくすという手口をつくるための歓迎すべき手段として出てきた。それに無記名証券はある土地で、ユダヤ人迫害の嵐が過ぎ去るまで、彼らの財産をかくしておくことができるようにした。（『経済生活』129―130p）

ついで、ゾンバルトはアムステルダムやロンドンの証券取引所の形成、および発展に、ユダヤ人が深く関わっていることを、豊富な資料を基に論証している（『経済生活』150―151p）。

しかし、ここで注意しておきたいことは、十八世紀末まで、証券取引に対する反感は強かったことだ。アダム・スミスやディビット・ヒュームといった資本主義に関心を持っていた人々でも、証券投資や金融に対する反感を露《あらわ》にしていたことを、ゾンバルトは指摘している（『経済生活』159―160ｐ）。

消費を含む「需要」に注目したケインズが『雇用・利子及び貨幣の一般理論』を著すのは1936年だが、ゾンバルトは、近代資本主義が形成されるに当たって、膨大な「消費」すなわち「戦争」と「恋愛を動機とする奢侈《しやし》」が発生したことに注目し、『戦争と資本主義』、『恋愛と贅沢《ぜいたく》と資本主義』という研究書を著した。その中でユダヤ人が大きな役割を果たしていたことを論証している。この金融の担《にな》い手＝ユダヤ人はまた「流通の担い手」でもあった。

以上、ゾンバルトによって、ユダヤ人が金融制度の担い手として大きな役割を果たしている、という事実が明らかになった。にもかかわらず、ヴェーバーはユダヤ人のこうした面を、ほとんど評価しようとしない。

ピューリタニズムはユダヤ教である

ゾンバルトは、『ユダヤ人と経済生活』執筆の動機を、次のように語っている。

わたしは拙著『近代資本主義』を全面的に書き改めようとしていたとき、偶然ユダヤ人問題にめぐりあった。（中略）なぜならヴェーバーの研究をくわしく調べたところわかったのだが、**資本主義の精神の形成にとって実際に意味があったように思われるピューリタンの教義の構成要素のすべてが、ユダヤ教の理念圏からの借り物であったからである。**

しかし、この認識だけでは、近代資本主義の発生史のなかでユダヤ人のくわしい考察を行なう機会に恵まれなかったであろう。ところがわたしがその後研究をつづけてゆくうちに――これまた全く偶然であったが――近代国民経済の形成にあたっても、ユダヤ人の関与は、これまで予想していたよりも、はるかに大きいという確信を抱いたのだ。

（『経済生活』９p、太字は引用者）

ピューリタニズムはユダヤ教である、この洞察からゾンバルトの研究がスタートした。では、その部分を読んでみよう。

わたしがすでにこれまでに何回ものべたように、マックス・ヴェーバーが行なった資本主義にとってのピューリタニズムの意義に関する研究は、わたしのユダヤ研究を大いに刺激した。それというのも、**とりわけ資本主義の発展にとって意義あるピューリタニズムの主な理念が、実は、ユダヤ教のなかで、一層きびしく、そして当然のことながら、はるか早期に形成されていたという印象を受けたからである。**（中略）

すなわち、宗教的関心の優位、試練の考え、（とくに！）生活態度の合理化、世俗内的禁欲、宗教的観念と利益獲得への関心との結合、罪の問題の数量的なあつかい、その他もろもろの事柄が両者にあっては全く同一なのである。

とくに重要な点をことさらとりあげるならば、性愛の問題に対する独特の立場と性的交渉の合理化は、ユダヤ教とピューリタニズムの両者では、全く細部にいたるまで同一である。

ピューリタニズムはユダヤ教である。ヴェーバーとわたしの記述に基づけば、両者の精神的関連、いやそればかりか両者の精神的一致を確定させるのは、もはやそれほど困難ではないと思われる。

（『経済生活』382―383ｐ、太字は引用者）

以上のゾンバルトの主張に対して、マックス・ヴェーバーの反論は、ある意味面白い。それはユダヤ教は「伝統主義的」であるがゆえに近代資本主義の精神の形成に直接関与しなかったが、プロテスタンティズムの倫理の形成にはユダヤ教の持つ「反呪術性の精神Magiefendschaft」が影響を与えたという（『一般社会経済史要論・下巻』黒正巌《こくしょういわお》・青山秀夫《あおやまひでお》訳、岩波書店、246p）。つまり近代資本主義の精神形成に、間接的に関与したというのだ。

ここでいう「伝統主義（traditionalism）」とは、「過去にやった、あるいは過去に行われたという、ただそれだけのことで、将来における自分たちの行動の基準にしようとする倫理、あるいはエートス」（大塚久雄『社会科学における人間』127p）である。これは、「合理主義（Rationalism）」とは対極にあるもの。合理主義が伝統主義を打ち破ることを「魔術からの解放」というが、反呪術性の精神とは合理主義の精神に他ならない。

ヴェーバーは、「ユダヤ固有の倫理は特殊の伝統主義である」（同書245p）と断定したうえで、「ユダヤ教がその反呪術性の精神を遺産としてキリスト教に伝えた」（同書246p）と主張しているのだから、これは一種のパラドックスを主張していることになる。

実はこのことを念頭に置いて、ユダヤ人が賤民資本主義の担い手となる過程を叙述したのが、ヴェーバーの最高傑作ともいわれる『古代ユダヤ教』である。

ユダヤ教からキリスト教への流れもパラドックス、(キリスト教である)プロテスタンティズムの倫理から資本主義の精神への流れもパラドックス。ユダヤ教は現在に至るまで存続しているのだから、何も「遺産」と呼びパラドックスを弄《ろう》さなくても、直接資本主義の精神に結びつけてもなんら不都合はない。事実そうだったのではないか。ゾンバルトのいう「ピューリタニズムはユダヤ教である」というテーゼは、まさにそのことを論証しようとしたものである。

ユダヤ人は近代資本主義発生の触媒である

ゾンバルトは『ユダヤ人と経済生活』の続編である『ブルジョワ』(1913年)の最後の章において、ユダヤ人の近代資本主義の精神への関与について、簡潔だが含蓄に富む文章を著している。

利益の獲得をめざす資本主義的企業においては、その本質に内在的にふくまれているのだが、無制限、無遠慮に、収入をのばしていこうとする傾向がみられる。この傾向が発展したことについては、とくに次の諸状況がきっかけとなっている。
1　ゲルマン的―ローマ的精神の深奥から生まれた自然科学、これが近代的技術を可能にした。
2　**ユダヤの精神からつくられた株式取引所。**近代的技術と近代的株式取引所との結合がはじめて、資本主義的企業の無限をめざす努力を実現させる形式を与えた。
　ユダヤ人解放の動きは強力な支持を得た。
3　それは、十七世紀以来、ユダヤ人がヨーロッパの経済生活のなかに及ぼしはじめた影響のおかげである。ユダヤ人はその素質からして営業努力を無制限かつ際限なく行ない、しかもこの努力のさいに、彼らの宗教によって妨げられることなく、逆に支持された。**ユダヤ人は近代資本主義の発生にあたって、触媒のようなはたらきをした。**
4　発達初期の資本主義の精神が風習や道徳によって課せられている拘束は、キリスト教諸民族における宗教感情の弱体化によってゆるめられた。
5　そうしてこうした拘束は、移民と放浪でもっとも有能な経済人が送り込まれた異国の土地で、すべての結びつきが消滅することによって完全になくなった。

（『ブルジョワ』金森誠也訳、中央公論社、471－472p、太字は引用者）

ここに記された「触媒」という比喩は、非常に優れたものだと思う。触媒はそれ自体は変化しないが、それに触れた物質に化学変化を起こさせてしまう。二酸化マンガンに過酸化水素水をかけると、酸素が発生するという、あれである。この場合、二酸化マンガンが触媒である。

ユダヤ人は当初から資本主義への適性（合理主義や利得に対する肯定的態度）を備え、古代から経済活動を続けてきた。そういうユダヤ人たちとキリスト教徒の商人たちの経済活動に他の要因（戦争や奢侈《しゃし》など）が加わって、制度としての近代資本主義が形成されてきたのだ。

生産者としてのキリスト教徒たちは、むしろ商人（商業資本家）である彼らに触れることで「産業資本家」へと変貌していったのである。その中でもプロテスタントたちは、生産活動の結果生じた利潤の扱いに困惑していたが、ついにはその正当性を追認したのである。近代資本主義の誕生である。

マックス・ヴェーバーのゾンバルトに対する反論は、突き詰めて言えば、「ユダヤ人の資本主義は、賤民資本主義だから近代資本主義ではない」というものだ。賤民資本主義Paria-Kapitalismusは高利貸資本主義ともいい、古代や欧米以外の地域にも存在しており投機speculationを本質とするために「非合理的資本主義」であるとされる。したがって「合理主義」を旨とする近代資本主義では有り得ない、というのがヴェーバーの見解である。そして近代資本主義は「特殊な生産様式」だから、生産活動からほとんど排除され、しかも「伝統主義」にどっぷり浸かっていたユダヤ人が近代資本主義をつくれるわけがないではないか、と（『一般社会経済史要論・下巻』243—246p）。

しかし、ゾンバルトによれば、そういう非合理的資本主義＝賤民資本主義＝商業資本主義が、生産者側にアプローチした結果、近代資本主義が形成されたのである。だから両者が違うのはいわば当たり前である（また、そもそも投機は非合理的だろうか？）。ユダヤ人が近代資本主義をつくった「主体」である。

また、「生産」だけではなく、「商業」にも注目すれば、触媒機能を果たしたユダヤ人そのものも変化したのではないか。「金融資本家」の誕生である。ゾンバルトはこのような段階に達した資本主義を「高度資本主義」と呼んだ。我々が使用している「現代資本主義」とほぼ同義である。

以上が、今から約一一〇年前にゾンバルトが見抜いた「近代資本主義・ユダヤ起源説」の概要である。

Ⅱ　なぜ「ユダヤ人起源説」は葬《ほうむ》られたのか

ナチスに利用されたとする説

イギリスの歴史家、ポール・ジョンソンは、『ユダヤ人の歴史』（石田友雄《いしだともお》監修、阿川尚之《あがわなおゆき》・池田潤《いけだじゅん》・山田恵子《やまだけいこ》訳、徳間書店）という書物の中で、「ユダヤ人は近代資本主義の成立においていて、その人口からは考えられないほどの貢献を成し遂げる」（同書・上巻472p）と認めている。しかし、続けて「ユダヤ人がいなくとも近代資本主義は発生したであろう」とも記している。そしてゾンバルトの「近代資本主義・ユダヤ起源説」に関しては、

ゾンバルトの説に一理あったことは否めないが、そこから針小棒大な結論を引き出してしまった点に問題がある。マックス・ヴェーバーが資本主義の精神がカルヴァン派の倫理に由来すると考えようとしたときもそうだったが、都合の悪い事実を無視し

ている。

（同書・上巻469p、太字は引用者）

ポール・ジョンソンもゾンバルトの著作はかなり参考にしているのだが、評価となると以上のとおりである。これは先に言及した、フェルナン・ブローデルも同様であって、

資本主義をひとつのある心性の具現とする「観念的」・一義的な解釈は、ヴェルナー・ゾンバルトとマックス・ヴェーバーが、マルクスの思想から抜け出すために、他に思いつかないので、通った出口であった。全く公正に言って、われわれは彼らについて行く義務はないのである。

（ブローデル『交換のはたらき2』山本淳一《やまもとじゅんいち》訳、みすず書房、139─140p）

どうも英仏の歴史家たちは、ゾンバルトとヴェーバー、二人まとめて忘れてしまいたいようである。歴史の彼方へ追いやりたいようである。ジョンソンは、ゾンバルトの著作がナチスに利用され、彼がドイツの経済活動からユダヤ人を締め出すナチの政策を支持したことを記している（同書・上巻468p）。

この記述が事実なら、ゾンバルトはナチスの政策に賛同していたことになる。彼は1941年に死去しているが、戦後まで生きていたなら、マルティン・ハイデガーやカール・シュミットたちのように追放になっていただろう。

ユダヤ人の側から浴びせられた激しい非難

『ユダヤ人と経済生活』が発表された1911年の時点で、ナチスはもちろん存在していないが、発表当時に戻り、この書がどのように受け取られたか調べてみよう。学問的評価とは別次元の問題がありはしないか。

> 拙著（『ユダヤ人と経済生活』引用者）は、主としてラビ（律法学者）から厳しい批判を受けた。当然のことながら彼らは、**外部の者が「目ざわりになる」と思われる彼らの宗教の多くの特徴を暴露したことで激怒したに違いない。**ともあれ彼らの批判にもかかわらず、私は拙著で展開した見解を今でもそのまま抱き続けている。
>
> （ゾンバルト『ブルジョワ』343p、太字は引用者）

これは、ゾンバルト自ら書いていることである。『ユダヤ人と経済生活』は発表当時、ユダヤ教のラビたちから厳しい批判を受けたという。

また、「ユダヤ人と資本主義とは関係ない」とは当時のユダヤ知識人たちの共通了解事項であったようだ。その代表的なものとして、わが国の学者にもよく知られているユダヤ人政治学者、ハンナ・アーレント（Hannah Arendt 1906－1975）の初期の代表作『全体主義の起源』（みすず書房、1951年）から引用しよう。

> 資本主義の発展にだけはユダヤ人は決して関与しようとしなかった。十八世紀の重商主義政策以来、二十世紀の初期にロスチャイルド家がその（バクーの）石油会社の持ち株をイギリス産業に売ることによって、ユダヤ人大資本と帝国主義的金融資本との一切の関係を断ったあの取引にいたるまで、ユダヤ人に産業的企業へ関心を向けさせようとするあらゆる試みは常に成果を挙げなかった。
>
> （『全体主義の起源・1』22p）

そして、「ユダヤ人が資本主義をつくった」というゾンバルトの見解は、アーレントに

よれば、

ユダヤ人を資本主義の代表者とするゾンバルトの有名な主張は、一八八〇年代の反自由主義的な小市民の誤解の学問的に修飾された敷衍《ふえん》にすぎない。（同書66ｐ）

つまり、アーレントは、ゾンバルトを「小市民的反ユダヤ主義」のイデオローグだと断じているのである。「資本主義をつくったのはユダヤ人だ」というテーゼは、反ユダヤ主義者のテーゼであると見なされていたのである。そして事実、アーレントは反ユダヤ主義こそヒトラーやスターリンに代表される「全体主義の起源」であることを主張するために、この書を著《あらわ》したのである。

帝国主義時代とそれにつづく全体主義運動及び全体主義政府の時代においては、ユダヤ人問題ないしは反ユダヤ主義イデオロギーを、近代ユダヤ人の歴史の現実とは事実上全く関係のないさまざまな問題から切り離すことはもはや不可能である。（中略）二十世紀の反ユダヤ主義の帝国主義的な型と全体主義的な型は、それぞれこの著作の

第二部および第三部に見出されるだろう。（同書緒言）

「反ユダヤ主義」のレッテルを貼られる

「近代資本主義をつくったのはユダヤ人である」というテーゼもそうだが、ことユダヤ人と経済の関係を学問的に究明しようとするのは、これまで事実上タブーであった。ユダヤ人史を専門とする佐藤唯行《さとうただゆき》氏は次のように記している。

ユダヤ人の経済力の実像とその成功の原因については、欧米の学会においても、これまで長らく学問的議論の対象から意図的に除外され続けてきたのである。この問題を詮索しようとする者は、欧米では「反ユダヤ主義者」のレッテルを貼られ、ユダヤ人団体側から強い非難を受けてきたからである。

そうした状況は、反ユダヤ主義による脅威が大幅に薄れてきた今日のアメリカにおいてさえもいまだ完全に払拭されているとは言い難い。

（『アメリカ経済のユダヤ・パワー』ダイヤモンド社、8p、太字は引用者）

二十一世紀の今でさえこうである。一一〇年前の人であるゾンバルトは『ユダヤ人と経済生活』の初めのほうで以下のように断わっている。

本書は厳密に学問的な書物である。

……どうしても学問的な書物であるために、本書は事実の確認、説明に限定され、あらゆる価値判断を避けている。（中略）

「人種問題」の分野、そしてとりわけ、いわゆる「ユダヤ人問題」の分野におけるほど、主観的評価が多くの乱暴を働き、客観的現実の認識を停滞させるところはない。

本書がとくに独自の特色を獲得したのは、五百頁もユダヤ人についてのべながらも、ただの一カ所でも、ユダヤ人とその性質や業績についての評価をほのめかそうとしなかったからである。

（『経済生活』16－17p）

これだけ、強調しておいたにもかかわらず、この本はユダヤ人たちからは「反ユダヤ主義」のレッテルを貼られたのである。しかし、ユダヤ人たちにも言い分がある。

反ユダヤ主義の歴史は長いが、特に近代以降の反ユダヤ主義の根底にあるのが、ユダヤ企業家たちが資本主義体制の中で大いに成功し、一番うまくやっていることに対する「恨み（ルサンチマン）」である。ロスチャイルド家が台頭してきたのは十八世紀末、欧州における産業革命の進展、資本主義の発展と一致している。

ドイツの左翼系知識人で、風刺画（カリカチュア）の収集家であるエドアルト・フックス（Eduard Fuchs 1870－1940）は、『ユダヤ人のカリカチュア』（1921年）という十五世紀以降のユダヤ人風刺画を紹介、分析した本を著しているが、その中で十九世紀以降のカリカチュアは、それまでの「豚（マラーノ）」をモチーフとしたものから、ユダヤ人が世界中の富を独占しようとしている図が多くなることを指摘している。

現在においてもいまだに流布している「ユダヤ陰謀論」のバイブル、『シオン賢者の議定書』が出版されたのも、またドレフュス事件（1894年）も同時期である。そういった風潮の中で、「ユダヤ人が資本主義をつくった」などと認めれば、反ユダヤ主義者たちに格好の理論的根拠を与えてしまう。それがいかに危険なことか、その後の歴史を見れば明らかであろう。

また、左翼理論も反ユダヤ主義につながるものがある。マルクスは『ユダヤ人問題によせて』という書評論文を1843年に発表している。

それによれば、マルクスは、ユダヤ教の原理（実際的な欲求、利己主義）が市民社会の原理、すなわち資本主義の原理となり、ユダヤ人は資本家となって、市民社会に同化したと考えている（「ユダヤ人の社会的解放は、ユダヤ教の社会からの解放である」）。

したがって、市民社会においては、ユダヤ人というものは存在しない。そこには「人間」である「資本家」と「プロレタリアート」が存在するだけである。マルクスの目的はその「資本家」を打倒して共産社会をつくることにある。ということは、現実には資本家を打倒せよ、とはユダヤ人を打倒せよ、につながる。

旧ソビエト連邦においては、以上の建前から「ユダヤ人迫害」は存在していないことになっていた。しかし実際にはホロコーストこそなかったが、スターリンの時代を典型として、ナチスばりの迫害が行なわれていた。旧ソ連の崩壊後、そういった事実が明らかにされている。

なぜ、ヴェーバーが生き残ったのか

以上、見てきたように反ユダヤ主義は、右翼からも左翼からも出てくるのである。ハンナ・アーレントは、それが「全体主義の起源」である、と主張しているのである。副島隆彦氏が明確に指摘しているように、アーレントは『全体主義の起源』において、ソ連の脅威をナチスのそれと同じものだと解明してみせたのである。それがゆえに彼女は反ソ・ユダヤ知識人集団であるネオ・コン生みの親の一人だとされている（『世界覇権国アメリカを動かす政治家と知識人たち』76―77p）。

ユダヤ人たちにしてみれば、ゾンバルトは、こともあろうに「ユダヤ人が近代資本主義をつくった」と論証し、しかも経済生活における彼らの手の内を暴露してしまったのだ。しかもゾンバルトは、あくまでも学問的に事実に即して、「客観的」に「価値中立的」に解明してみせたのだ。これは学問的評価を別として政治的配慮から見て、非常に困るのである。ナチスをはじめ反ユダヤ主義者たちが利用したのは十分頷《うなず》ける。変に扇動的でない学問的な著作ほど、実は威力を発揮するのである。政治的に見て始末に悪い。ゾンバルトの所説のうち、ユダヤ人に関する部分が妙に無視され、忘れられている本当の理由は、おそらくはこれだろう。

このゾンバルトに対する取扱いは当分変わらないのではないか。マネタリストの大御所である、ミルトン・フリードマン Milton Friedman（彼もユダヤ系である）が、1972年にモンペルラン・ソサエティ Mont Pelerin Society において、「資本主義とユダヤ人」というタイトルの講演を行なっている。その中で彼はゾンバルトの『ユダヤ人と経済生活』の要旨も紹介し、多くの人々がこの本を反ユダヤ的 Anti-Semitism と見なしていること、そして The Universal Jewish Encyclopaedia のゾンバルトの項目では、「彼はユダヤ人が資本主義をつくったと非難している。"He accused the Jews of having created capitalism."」と記されていることを紹介している。

また、このような政治的観点に立ったとき、一方のマックス・ヴェーバーの「資本主義の精神は、プロテスタントの倫理に由来する」、「ユダヤ資本主義は賤民資本主義だから、近代資本主義ではない」という主張はどうだろうか。

これは少なくとも当時のユダヤ人たちにとって非常に都合の良いテーゼではなかったろうか。いくら学問とはいえ「賤民」という差別用語を多用しても「近代資本主義をつくった」と言われるよりはましであろう。生命がかかっているのである。ヴェーバー本人の意思はどうあれ、そう指摘せざるをえない。

そして最後に現代の歴史家たち、ポール・ジョンソンやフェルナン・ブローデルたちは、ゾンバルトとヴェーバー、二人まとめて名目を変えて歴史の彼方に葬り去ろうとしている、と私には思えてくるのだが、それは単に想像の度が過ぎるというものだろうか。

5

近代ヨーロッパ史とユダヤ人

——十七、十八世紀のオランダ・イギリスを中心にして

日野貴之《たかゆき》

ヨーロッパで中世以来、追放と迫害を受け続けたユダヤ人だが、彼らの地理的移動と、行く先々の国家、都市の繁栄と衰亡との間に、深い因果関係がある。つまり、ユダヤ人が住み着いた町は栄え、ユダヤ人が離れた町は廃《すた》れるのである。ユダヤ人は住む先々に何をもたらしたのか。本稿では、西洋史の隠された真実に光を当て、十七世紀から十八世紀にかけてのオランダとイギリスの場合を例にとって論証する。

近代世界史の大きなうねりと日本

東京駅には、三つの方面に出口がある。そのうちの新幹線南のりかえ口近くの出口である八重洲《やえす》南口の地下街の片隅に、一人のオランダ人の胸像がひっそりと置かれている。地上を走る八重洲通りの中央分離帯にも、同じ人物を描いたレリーフがある。この人物の名は、ヤン＝ヨーステン。日本史に詳しい方なら、八重洲という地名が、彼の名前に由来することをご存じかもしれない。

ヨーステンらを乗せたリーフデ号が、九州の豊後《ぶんご》（現在の大分県）に漂着したのは、関ヶ原の合戦の半年前の1600年4月19日（旧暦3月16日）のことだった。リーフデ号は、当時オランダが進出を狙《ねら》っていた東インド（インドネシア）を目指して、五隻の船団を組んでオランダを出発し、大西洋を西へ進み、マジェラン海峡を通過した。だが、悪天候のため船団はちりぢりばらばらとなり、日本に漂着したのはリーフデ号一隻のみであった。乗組員の犠牲も少なくなかった。

このとき徳川家康《とくがわいえやす》は、豊臣秀吉《とよとみひでよし》の遺児秀頼《ひでより》の拠《よ》る大坂城に乗り込み、すでに天下の大権を掌握しつつあった。ただ、有力大名の上杉《うえすぎ》氏が会津《あいづ》において敵対の姿勢を見せており、石田三成《いしだみつなり》をはじめとして、これに呼応する機会を窺《うかが》う大名のあることが予想されていた。

家康は、救助されたリーフデ号の乗員を堺《さかい》へ呼び寄せた。乗組員の代表として三人が大坂に連行された。家康は彼らに非常な興味を示し、根ほり葉ほり質問を連発した。家康が気に入ったのは、船長のカケルナックではなく、乗組員のヨーステンとアダムズだったらしい。三人のうちアダムズはイギリス人で、後の二人はオランダ人である。気に入られた二人は、幸か不幸か、なかば拉致《らち》されるような形で、日本に留まることになったのである。

ただし、リーフデ号の漂着はあくまでもきっかけであり、実際に日蘭間の交易が始まるのは、1609年にオランダ東インド会社の船が平戸《ひらど》に来航して以降である。1613年には、イギリス船もやってきた。

むろん、これよりはるか前の1540年代に日本が「発見」されてから、ポルトガル人やスペイン人が、交易や布教を目的として日本に来航していた。スペインとポルトガルは、1580年から1640年まで同君連合を形成していたので、1580年以降の約三〇年間は、日本との交易は、スペインが独占していたことになる。そして1609年に至って初めて、スペイン以外の西欧勢力が、日本人の目の前に姿を現わしたのである。

このように、世界の辺境に位置する日本の歴史の中にさえ、スペイン、ポルトガルからオランダへ、そしてさらにはイギリスへという大航海時代の主役の交替劇が影響を及ぼしている。

逆に世界史的に見るならば、日本史におけるこれらのイベントも、プロテスタントのオランダとカトリックのスペインが「グランドチェスボード」の上で、地球規模の大戦争を繰り広げた際に、その片隅で起こった一つのエピソードにすぎないということになるのだろう。島原《しまばら》の乱の際に、原城《はらじょう》に立て籠《こ》もった日本人カトリック信徒に対する攻撃に、オランダの軍艦が加わっていたという歴史的事実は、このことを端的に物語っている。

ユダヤ人が近代資本主義を生んだ

実はこのような近代ヨーロッパ史における大きなうねりと、ユダヤ教徒の活動の間に、大きな関連が認められるという主張がある。

ヨーロッパ近代史について学びたければ、それについて書かれた本はいくらでもある。それらを読めば、表面的に立ち現われた事象の流れは、摑《つか》むことができる。しかし、その背後に隠れた、ユダヤ人の果たした重要な役割は、死角に置き去りにされたままである。

現代の政治も、その表層だけなら、新聞やテレビのニュースからでも観察できる。が、派閥や政治家個人にまつわる複雑な利害関係を知らなければ、伏流するその実態を理解することはできない。それと同じことで、ヨーロッパ近代史もユダヤ人の活動を抜きにしては、語ることができない。

確かに、ヨーロッパ近代とユダヤ人の関わりについて、具体的に解き明かしてくれる資料は多くない。そんな中で、このテーマを正面から取り上げた著作がある。

近代国家の支配者のなかにユダヤ人を見出すことができないとしても、こうした支配者、それに近代の君主をユダヤ人を抜きにしては、とうてい考えることができない(それはちょうど、メフィストフェレス抜きで、ファウストが考えられないのと同様である)。両者は、連携しつつ、われわれが近代と呼んでいる数世紀間に躍進したのだ。わたしはまさにこの王公とユダヤ人との結合のなかに、興隆する資本主義と、それと結びついた近代国家を象徴するものが見られると思っている。

(ゾンバルト『ユダヤ人と経済生活』金森誠也監修・訳、荒地出版社、85p)

ここのくだりは、訳書で註記を含めて六〇〇ページを超えるこの大著の核心部分である。ここでゾンバルトは、ゲーテの著作に登場するキャラクターを喩《たと》えに用いているのだが、近代国家の支配者をファウスト、ユダヤ人をメフィストフェレスになぞらえている点に注意すべきである。この喩え、入れ替えは不可能なのである。その理由は、さらに次の箇所を読み進めると、解き明かされることだろう。

わたしはとくに、成長しつつある国家に彼らが物質的手段を提供したこと、その助けをかりて、こうした国家が維持、発展できたこと、それに彼らが、すべての近代国家が依存している基盤ともいうべき軍隊に二つの方式で寄与してきたことを考えている。そのうち、一つは戦時における武器、装備それに食糧を調達することであり、もう一つは必要な金銭を取りそろえることである。そのうち必要な金銭というのは、当然のことながら（初期資本主義の時代には圧倒的にそうだったが）、たんに軍隊のためばかりでなく、他の宮廷―国家の必要をまかなうために用いられる金銭だ。換言すれば、わたしはとりわけ十六、十七、十八の三世紀に、ユダヤ人がもっとも影響力の大きい軍隊の御用商人であり、またもっとも能力のある王公への資金供給者であったと思っており、さらに、この状況は近代国家発達の動きにとって重大な意味があると見なすべきだと信じている。

（同書86p）

近代とユダヤ教徒の関係が、鮮やかに叙述されている。十六〜十八世紀といえば、日本史では戦国から江戸時代にあたる。この三〇〇年の間に、今日にまで続くユダヤ人の持つ大きな影響力が形成されたというわけだ。ゾンバルトは、資本主義を生んだのもまたユダヤ人であると主張しているが、彼の仮説は、一般的に受け入れられているわけではない。

キリスト教と共産主義の創始者はユダヤ人だ、ということをユダヤ人はあまり気が進まぬままにも一応認めるが、資本主義を創始したのはユダヤ人だといわれれば、それは断固として否定する。ドイツの経済学者ヴェルナー・ゾムバルトが例の物議をかもした『ユダヤ人と近代資本主義』（一九一一年）を発表して、おそらく資本主義への道はゲットーに始まったと指摘してからというもの、ユダヤ人の学者たちはだいたいにおいて、ゾムバルトの仮説の妥当性を証明しようとするよりはむしろ、彼の説を否定することに精力をかたむけてきた。

（マックス・I・ディモント『ユダヤ人　神と歴史のはざまで』藤本和子《ふじもとかずこ》訳、朝日選

書、58p）

なんと、近代におけるユダヤ人の功績を、ユダヤ人自身があまり認めたがってはいないというわけである。古代より、あらゆる社会において少数派の立場に置かれてきたという歴史から、何事かの教訓を学んだからなのだろうか？

それでは、当のユダヤ人たちがあまり認めたがらない彼らの近代史に対する貢献を、時系列に沿って、ごく簡単に俯瞰《ふかん》してみよう。ゾンバルトは、一般論として次のように考えた。

そこで、われわれは少なくとも、これまで、ユダヤ民族の地理的な移動と、様々な民族と都市の経済的運命との間の外面的並行性が気づかれなかったことに驚いている。まるで太陽のように、ユダヤ人はヨーロッパ全土の上に照り輝いた。ユダヤ人が来る所には新生命が芽生え、ユダヤ人が去った所では、これまで栄えたものすべてが衰えていった。

（『ユダヤ人と経済生活』41p）

はたして、このようなゾンバルトの主張は正しいのであろうか？　まず最初の具体例として、スペインとポルトガルの問題から、調べてみよう。前述したように、1580年にポルトガルは、同君連合という形で、実質的にはスペインに併合される。そのときまで小国ポルトガルは、大航海時代における大国スペインの最初のライバルだった。なぜ、そうなることができたのだろうか。その鍵は、1492年という年にあるようだ。

スペイン、ポルトガルからのユダヤ人国外追放

西暦1492年は、スペイン史において特筆されるべき年であった。言うまでもなくこの年は、コロンブスがアメリカ大陸に到達した年である。世界史に詳しい方なら、さらに、イベリア半島におけるイスラム教徒の最後の拠点であったグラナダが陥落した年であることもご存じかもしれない。

そしてもう一つ、重要な政治的決定がなされた年でもあった。それは、スペインからのユダヤ教徒の追放である。このとき、スペインのユダヤ教徒には、大きくは二つの選択肢があった。一つは、カトリックに改宗することである。このような改宗者はマラーノと呼ばれ、改宗後も異端審問による圧迫を受けた。もう一つの道は、スペインから国外へと脱

出することであった。

1492年の時点でスペインの隣国ポルトガルでは、ユダヤ教徒に対する圧力は、スペインほど強くはなかった。スペイン語とポルトガル語は、標準語と関西弁ぐらいの違いしかない言語だ。スペインのユダヤ教徒にとってポルトガルは、当面の脱出先としては、最も有力な選択肢だったのである。

ポルトガルを一大海上帝国に押し上げたのは、彼らユダヤ教徒の各方面における活躍によるところが大きかった。ただしポルトガルは、ユダヤ教徒にとっての安住の地とはならなかった。1530年代には、早くもユダヤ教徒への厳しい弾圧が加えられるようになったからである。彼らは北へ向かった。

現在のオランダは、当時のスペイン領ネーデルラントの北部である。スペイン領であるから、スペイン語がある程度通用した。さらに1560年代の後半から、カルヴァン派の住民を中心として、断続的に八〇年も続くスペインに対する反乱（独立戦争）が始まっていた。不安定な立場に置かれていたユダヤ教徒にとっては、まさに奇貨居《きかお》くべしの状況だったのである。

この「太陽の沈むことがないと謳われた世界帝国」対「その一小植民地」という、一見、巨人と小人の対決のような戦争の実態は、見かけとは少々異なっていた。大量の貴金属を伴ったユダヤ教徒が、イベリア半島からオランダへ流入しつづけていたからである。戦力のほとんどを傭兵に頼っていたこの時代の戦争においては、戦費の調達の成否が勝敗を分けた。王族で辣腕《らつわん》の統治者パルマ公アレッサンドロ・ファルネーゼや、ジェノバ出身の天才軍人アンブロージョ・スピノーラなどのそうそうたる人材と、より多くのマンパワーを注ぎ込んだにもかかわらず、結局スペインは、この戦争を判定負けに持ち込まれてしまった。

こうして十六世紀の終わり頃から、ユダヤ教徒が、オランダを根拠地に顕著な経済活動を始めることになった。彼らと、ネーデルラントの地方豪族で、スペインに対する反乱の指導的地位にあったオラニエ家との浅からぬ因縁は、イギリスの名誉革命のときに、再び歴史を揺り動かすことになる。

冒頭に紹介したリーフデ号の来日は、まさにこの時期の出来事なのであるが、はたしてこれは、このような一連の動きとは無関係のものなのであろうか？　再びゾンバルトの著作を引用する。

オランダのユダヤ人

17世紀オランダが生んだ巨匠レンブラント（1606−1669年）の最高傑作の一つ「ユダヤの花嫁」。アムステルダムのセファルディ（スペイン・ポルトガル系ユダヤ人）の男女が注文した結婚記念の肖像画。レンブラントはユダヤ人街に居を構えていた。（アムステルダム国立美術館蔵）

東インド諸島にも早くも中世以後、明らかに多くのユダヤ人が居住していた。そして一四九八年以後、ヨーロッパの諸国民が、依然として古い文化国家維持のためにせめぎあっていた間に、ユダヤ人は東インド諸島で、ヨーロッパ人支配の歓迎すべき代表者として、とくに貿易の先駆者として奉仕することができた。ポルトガル人とオランダ人の船に乗り、―正確な数の測定はまだ行われていないが―大勢のユダヤ人集団が東インド諸島の各地に渡っていったと思われる。ともかく、ユダヤ人が東洋のすべてのオランダ植民地獲得に、強力に加わっていたことはわかっている。さらにオランダ・東インド会社の株式資本のかなりの部分がユダヤ人の手中におさめられていたことも判明している。さらにわれわれは「たとえジャワにおけるオランダ権力の確立にもっとも貢献したはず」のオランダ・東インド会社の総督が、ユダヤ名がケーンという名であったことを知っている。さらにもしわれわれがこの役職についた人々の経歴を十分に吟味するならば、ケーンがオランダ領東インドにおける唯一のユダヤ人総督ではないことを容易に確信することができるであろう。ユダヤ人は、東インド会社の支配人であったばかりか、いたるところの植民地の業務にたずさわっていたことがわかる。

（『ユダヤ人と経済生活』62―63ｐ）

この「ジャワにおけるオランダ権力の確立にもっとも貢献したはずの総督」とは、１６１９年にジャワ島西部、現在のジャカルタにバタヴィア城を築いてアジアにおける会社の本拠地とした第四代東インド総督ヤン・ピーテルスゾーン・クーン（在任１６１９〜１６２３年、再任１６２７〜１６２９年）のことであろうか？　いずれにせよ、日蘭間の交易が始まったのはクーンの着任以前のことである。

が、かつてのスペイン人が、反宗教改革というカトリックの一大ムーブメントと呼応して来航したのと同様、オランダ人が日本列島に姿を現わしたのもまた、ヨーロッパで起こった地殻変動の余波が極東にまで及んだものだったと言えるだろう。

一方ほぼ時を同じくして、まったく別の場所、別の立場での身の置き場を見出したユダヤ教徒も現われた。それは、大規模な金融業や軍需産業の嚆矢《こうし》ともなる存在である。

グレーツによれば、こうした「宮廷ユダヤ人」は、三十年戦争中のドイツ皇帝の『発明』であった。（『ユダヤ人と経済生活』94p）

これらの宮廷ユダヤ人は、オーストリアをはじめとするドイツ諸邦やフランスで活躍した。が、彼らはユダヤ教徒の中のごく少数の存在であり、またこれらの国々は、ユダヤ教徒が資本主義を存分に発展させられるほど寛容な風土を、備えてはいなかった。そのため多くのユダヤ教徒が、ドイツや東欧から、オランダへと流入した。

名誉革命で拡大する影響力

オランダで始まった資本主義が本格的に開花していくのは、イギリスにおいてである。清教徒革命と名誉革命の二つの革命に象徴される十七世紀のイギリス史は、国教徒、カトリック、清教徒による宗教戦争版の三国志を思わせる。ユダヤ教徒のイギリス進出の最初の契機となったのは、清教徒革命（１６４２年）だった。

クロムウェルのイギリス資本主義の新精神を敏捷《びんしょう》に感じとると、アムステルダムのユダヤ人は代表を送って、一二九〇年以来入国を禁止されていたイギリスへの再入国の可能性を探った。クロムウェルは拡大しつつある自分の商売にすぐれた人材を雇い入れようとする雇用者の目でユダヤ人を眺めた。ユダヤ人がアムステルダムでどのように活躍しているかも知っていたし、商業の福音をさかんに広めているユダヤ人たちが重要な地位についていることも見てとった。彼はユダヤ人の代表ラビ・マナセー・ベン・イスラエルに会うのを心待ちにした。

（前出『ユダヤ人　神と歴史のはざまで・下』98p）

清教徒革命の指導者であったクロムウェルの死後、王制が復活するが、その後も異なる形でユダヤ教徒の流入は続いた。

周知のようにチャールズ二世は、ブラガンサのカタリーナ姫をポルトガルから王妃として迎えたが、王妃のお供のなかに一連のユダヤ人金融家が加わっていた。そのなかにはとくに、カタリーナの持参金の管理と輸送を委ねられたアムステルダム出身のポルトガル系ユダヤ人銀行家、ダ・シルバ兄弟の姿も見られた。（『ユダヤ人と経済生活』91p）

そして名誉革命（1688年）の際に、ロンドンの金融界に対するユダヤ人の影響力は、飛躍的に拡大する。

名誉革命は、ヨーロッパ大陸におけるルイ十四世の覇権をめぐるアウグスブルク同盟戦争（ファルツ継承戦争、1688〜1697年）の一局面という性格を持つ。オランダとフランスは、もともと反スペインの立場から友好関係にあったが、十七世紀の後半に入ってスペインが凋落《ちょうらく》すると、両者の関係は対立に転じた。イギリスでは、国王が親フランス、議会が親オランダの傾向を示すようになっていった。

フランスで1685年にナント勅令《ちょくれい》が廃止され、プロテスタントに対する圧力が強まると、イギリスのプロテスタントは、カトリックに傾斜する国王ジェームズ二世に対する警戒感をいっそう強めていく。

この状況は、強力なルイ十四世の軍隊によって脅威にさらされていたオランダと、そこに住むユダヤ教徒にとって、カトリックの脅威の排除と、ビジネスチャンスの拡大を同時に獲得できる絶好の機会を提供した。すなわちジェームズ二世を廃し、その娘婿であるオラニエ家のウィリアム三世をイギリスへ送りこむというプロジェクトが、英蘭双方の有志によって実行されたのである。

とにかく、十七世紀末頃には、取引所は（一六九八年の取引所小路以来）、ユダヤ人で満ち溢れていた。その数は膨大であったので、建物のある一部がユダヤ人の縄張り（Jews Walk）と呼ばれたほどである。「取引所はユダヤ人で立錐《りっすい》の余地もない」とその頃の人が書いている。取引所小路への移住は、それまで王立取引所では白い目で見られていたユダヤ人の関与の増大と関係があるのだろうか？　とにかく移住とともにイギリスの証券投機がはじまった。

この突然の、ユダヤ人の氾濫の原因は何か？　これについては、われわれはくわしく知っている。つまり、ウィリアム三世に従って渡英した無数のユダヤ人に起因しているのだ。そして、すでにのべたように、このユダヤ人たちが、証券取引の熟練した技術をロンドンにもたらした。

（『ユダヤ人と経済生活』151―152p）

最初のイギリスの借款の主要仲買人はユダヤ人であった。彼らは協議の末、オレンジ公ウィリアム三世に肩入れすることに決定した。なかでも富豪メディナはマールボローの銀行家で、年に六千ポンドを献金し、見返りとして軍隊出陣の内報を得ていた。

（『ユダヤ人と経済生活』152p）

十八世紀に入って、ウィリアム三世の義妹のアン女王時代、イギリスはチャーチルの祖先であるマールバラ公指揮下の軍勢をライン川方面に派遣して、ルイ十四世のフランスとスペイン継承戦争（1701～1714年）を戦った。イギリスはまた、オーストリアの皇太弟をスペインの王位につけるために、護衛の軍隊を添えてマドリードへと送りこんだのだが、この戦争では、両陣営ともに戦争遂行に必要な資金や物資の調達の大きな部分を、ユダヤ教徒に依存するようになっていたのである。

金融業者としてのビジネスチャンス

十八世紀の最後の大波、フランス革命は、イギリスですでに現実のものとなりつつあったユダヤ教徒の自由な経済活動が、大陸へも波及していく一つの契機となった。そしてこの時代に、最も成功したユダヤ人、あのロスチャイルド家がヨーロッパの商業金融で台頭してくるのである。

それでも、ロスチャイルド家について十分明らかな目だった事実がある。大規模なユダヤ金融の登場が三〇年戦争の産物であったように、彼らはナポレオン戦争の産物であった。

（ポール・ジョンソン『ユダヤ人の歴史・下』徳間書店、15p）

ナポレオン帝国を崩壊させた対仏大同盟は、同盟諸国のマンパワーとイギリスの資金を車の両輪としていた。これに先立つ十八世紀中頃の七年戦争（1756〜1763年）で、プロイセンが圧倒的な国力を有するオーストリア、フランス、ロシアの連合と互角に戦えた理由は、フリードリヒ大王の卓越した軍事的指導力だけにあるのではない。イギリスからの多額の資金援助を欠いていたら、さすがのフリードリヒ大王でも、国家財政の破綻《はたん》の前に、なす術《すべ》がなかったことは疑いない。

この頃からすでに、イギリスの圧倒的な資本力が投入されることによって、大陸の戦争の規模が巨大化するという現象が始まりつつあった。徴兵制による国民軍を手にしたナポレオンの圧倒的な軍事力と、産業革命の進行と相まって飛躍的に成長するイギリスの資本主義との激突は、金融業者にとってまたとないビジネスチャンスを提供してくれたのである。

一八〇三年にネイサンは事業をロンドンに移し、戦争が拡大するに従って政府の金融事業に参加した。英国政府は毎年二〇〇〇万ポンドの公債を売る必要があったのである。市場はこのような大金を直接吸収できなかったので、その一部は顧客を見つけた請負人に売り渡された。織物取引の為替手形によってすでに高い評価を得ていたネイサン・ロスチャイルドは、この請負人のシンジケートに参加し、同時に国際為替手形の引き受けも行なった。

（『ユダヤ人の歴史・下』16p）

しかし、彼は金塊を厳しい状況下で素早くしかも安全に輸送するという伝統的なユダヤ人の技術においても優れていた。一八一一年から一五年までの六年間に、ロスチャイルドと英国の兵站部《へいたん》長官ジョン・ヘリーズは、四二五〇万ポンドの金をスペインの英国軍に安全に届けたがその半分以上は、ネイサン自身、またはフランスで事業を行なっていた弟ジェイムズが手配したものである。

（同書17p）

ナポレオンによってひとたびは制圧されたスペインだったが、ゲリラ戦の勃発とともに帝国の潰瘍《かいよう》となって、フランス軍の将兵を死に至る戦争へと誘《いざな》った。そのスペイン人によるゲリラ戦を助けたのが、ポルトガルを策源地とするイギリスの派遣軍である。後にワーテルローでナポレオンの最後の野望を砕くことになるウェリントン公アーサー・ウェルズリーもまた、このスペイン戦役の後半で指揮をとり、フランス軍をピレネー山脈の北へと押し返していったのだった。しかしここでも、実際にゲームの鍵を握っていたのは、金とそれを扱う人々だったようである。

法律を駆使するユダヤ教徒

さて、十九世紀初頭に至るまでのユダヤ教徒の経済活動の歴史を追ってみて、その際《きわ》立った特徴と感じられることがある。それは、法律の活用と応用を非常に重視している点である。少数派が厳しい環境下で生き残るために、独自の強みを編み出し、社会における弱者から強者に転じるという現象は、古今東西にその例がある。しかしその手段は、直接的な武力や財力の行使によることが多く、多数派と法律を共有し、それに精通し、それを駆使することによって優位に立つという行動様式は、他に類がないように思われる。おそらくそれは、彼らの信仰がきわめて高い抽象性を有していることに由来しているのだろう。

現代のアメリカの法曹界の経済活動に対する巨大な影響力を目にするとき、そうしたシステムの少なからぬ部分が、こうした経緯の産物であると考えることは、あながち不自然なことではないように思われるのである。

それでもなおかつわたしは、アメリカ合衆国は、おそらく他のどの国よりも強烈に、徹頭徹尾、ユダヤ的性格によって満たされているとの自説を曲げるつもりはない。

(『ユダヤ人と経済生活』72p)

6　十七世紀オランダの盛衰とユダヤ商人

吉田祐二

十七世紀のオランダの諸都市では、すでに資本主義の金融制度を支えるさまざまな制度が、大方完成していた。手形、小切手、株券、証券取引所、そして投機銀行の設立等々、みなこの時代のオランダに生まれている。そして、これらの金融制度を創造したのは、ほかならぬユダヤ人だった。オランダの繁栄と衰亡を通して、近代資本主義の意味を考える。

1．オランダのユダヤ人

近代経済の発展の経過にとって、決定的に重要な事実は、［中略］突然オランダが興隆したことであり、それがその後の経済大国、とくにフランスとイギリスの強力な発展のきっかけをつくったことだ。

ドイツの経済学者・社会学者であるヴェルナー・ゾンバルトは、その著書『ユダヤ人と経済生活』の中で、このように書いている（39ｐ）。歴史家や経済史家はこの「事実」に対してさまざまな説明を試みている。現在において最も有力かつ支配的な説明は、ゾンバルトと同じくドイツの経済学者・社会学者であるマックス・ヴェーバーによる説明である。

ヴェーバーによれば、オランダの勃興は近代資本主義の萌芽であり、近代資本主義を生み出したのは「資本主義の精神」である。

「資本主義の精神」とは、小室直樹氏の説明によれば、「労働そのものを目的とし、救済の手段として尊重する精神」、「目的合理的な精神」および「利子・利潤を倫理的に正当化する精神」のことをいう（『経済学をめぐる巨匠たち』ダイヤモンド社、147p）。

ヴェーバーは、この精神は、利潤追求をとことん敵視したプロテスタンティズムから生まれたのだと逆説的に主張する。ヴェーバーの主著『プロテスタンティズムの倫理と資本主義の精神』は、このことを論証した本である。

これに異を唱えたのがゾンバルトで、彼は「ユダヤ人こそが資本主義を生み出したのだ」と主張する。ゾンバルトはユダヤ人の移住に注目した。そうすると、面白いことにユダヤ人が集まった地域では経済が栄え、ユダヤ人が去った地域は廃《すた》れている。この外面的な並行性にゾンバルトは注目し、（翻訳書で）六〇〇ページを超える『ユダヤ人と経済生活』を書くことになる。

それではなぜユダヤ人は移住したのか？　それは十五世紀から十六世紀にかけて当時の世界覇権国であったスペインから追放されたからである。そのさらに前には、古代パレスチナから追放されている。鈴木輝二《すずきてるじ》氏の『ユダヤ・エリート』（中公新書）によれば、古代パレスチナの地を追われて放浪の民となったユダヤ教徒は、「ドイツのライン河流域に定着した東方ユダヤ人（アシュケナージ）と、イベリア半島（現在のスペイン、ポルトガル）に定着したセファルディ」の二つに分かれた。

そして、1492年にスペイン王はユダヤ人追放令を発して、ユダヤ人の国外追放を行なった。スペインからポルトガルに逃れたユダヤ人たちもまた、異端審問によって弾圧を受けることになる（1536年）。このように追放されたユダヤ人がオランダ、特にアムステルダムに集まり、突如として経済的な繁栄を築くことになる。ゾンバルトの『ユダヤ人と経済生活』は、それを以下のように記述する。

オランダの国民経済の発展が、十六世紀末期、突然の衝撃とともに向上したことはよく知られている。最初のポルトガル系のマラノスは一五九三年にアムステルダムに移住し、まもなく後続の移住者を迎えた。一五九八年、早くも最初のシナゴーグ［ユダヤ教寺院］がアムステルダムにつくられた。十七世紀の中頃には、すでに多くのオランダの都市に、ユダヤ人集団がいた。十八世紀のはじめ、アムステルダム在住のユダヤ人「世帯」だけで二千四百と算定されている。［中略］ユダヤ人自身もその頃のアムステルダムを彼らの新しい巨大なエルサレムであるといっていた。

（同書46ｐ）

2．十七世紀オランダの歴史的状況

ユダヤ人が集《つど》った十七世紀オランダは、どのような状況だったのだろうか。経済史家であり、ヴェーバー研究者としても高名な大塚久雄氏の『欧州経済史』（岩波書店）によると、古代および中世において、ヨーロッパ諸国が貿易をしていたのは、中近東およびアジア諸国であった（東方貿易）。シルクロードは、陸路によるアジア諸国との貿易のための交通路である。

その後十字軍の遠征（十一〜十三世紀）によって交流が盛んになり、シリアや小アジア方面との貿易が活発になる。これをレバント（Levant「日の昇る方向」の意）貿易という。中近東へは地中海を通じて貿易を行なったので、ヴェネツィアやジェノバなどのイタリア商人が活躍した。これが十六世紀の大航海時代以前の背景である。

大航海は「新大陸の発見」と「東インド新航路開拓」という地理上の発見をもたらした。これは新しい「市場」を開拓したことを意味する。海上覇権を確立したスペイン、およびポルトガルが当時の覇権国である。

現在のオランダ、およびベルギーを含むいわゆる低地諸国（現在のオランダの英語名 The Netherlands とは「低地」の意）は、当時スペイン帝国（ハプスブルク家）の所領であった。そこから独立戦争を起こしたのがオラニエ家（オレンジ家）のウィレム一世である。スペインの支配から脱して独立した後は、宗教の自由も確立され、スペインやポルトガルから追われたユダヤ人たちが、次々とオランダ、特にアムステルダムに移住することになった。

3．十七世紀オランダにおける商業発展

新エルサレムたるアムステルダムでのユダヤ人の経済活動で特筆すべきは、その金融業であった。ユダヤ人は歴史的に金融業に従事している割合が高い。なぜなら、キリスト教社会においては、教会の指導により、キリスト教徒の金融業が禁じられており、この業種をユダヤ人が独占する形になっていたからだ。

これは正確にいえば、「利子」に対する態度の違いである。キリスト教では利子を取ることは禁じられている。宗教学者の中沢新一《なかざわしんいち》氏によると（『緑の資本論』）、キリスト教神学者はアリストテレスが述べたという「金は金を生まず」に基づき、高利貸しを「自然の摂《せつ》理《り》に背《そむ》く」という理由で否定したという。

イスラームでは、現在でも利子を取ることが禁止されているというが、それではユダヤ教では「利子」は許容されていたかといえば、そんなことはない。ユダヤ教でも利子を取

ることは禁止されていた。

しかし、ある条件のもとでは許されていた。ゾンバルトは、古代ユダヤの法律には、外国人からは利息を取ってもよいという規定があったことを指摘している。旧約聖書の申命《しんめい》記《き》（23章20節）には、はっきりと「外国人には利息を取って貸してもよい。ただ兄弟には利息を取って貸してはならない」とある。

ユダヤ人は異教徒、つまり主にキリスト教徒には利子とともにお金を貸していたのである。これでユダヤ人が金融業に特化している理由、およびキリスト教徒から高利貸しと呼ばれ嫌われている理由が分かった。実際に、十七世紀当時のオランダ金融業全般におけるユダヤ人の占める割合が大きいことを、ゾンバルトは『ユダヤ人と経済生活』の第六章「経済生活の商業化」において、詳しく具体的に説明している。以下その記述に従って概観していこう。

ゾンバルトは、第一に有価証券の発生を挙げている。有価証券とは手形や小切手、株券、商品券すべてを含む総称である。英語ではセキュリティ security という。

もっと一般化して言えば「請求権」のことである。たとえば誰かに金を貸したとする。貸した人は借りた人に対して請求権を持つ。それを紙に表わしたものが有価証券に他ならない。紙に記されたことにより、請求権は「客観化」されることになる。それは個人の手を離れ、社会で流通することになる。手形は「裏書き」されて第三者の手に渡り、その請求権を保証する。

ゾンバルトは手形の発生が問題なのではなく、それが裏書きされ客観化する過程が重要だと述べる。手形の裏書きは、十七世紀以前には十分に発達しておらず、オランダで初めて、法令によって無制限に認められたという。株券もまた同様である。

株券は、個人的にはまったく関係のない企業へ関与する権利を与える。世界初の株式会社として有名な東インド会社ができたのは、十七世紀の初めである。「東インド会社」とは固有名称ではなく総称である。オランダ（1602年設立）の他にもイギリス（1600年）、フランス（1604年）がそれぞれ東インド会社をつくっている。

有価証券がオランダ商人、つまりユダヤ商人の間で発生または流通したことを、ゾンバルトはさまざまな資料を使って証明する。なかでも、近代の無記名証券は、ユダヤ人の法典であるタルムードにその根拠がみられ、ユダヤ社会の慣習法に基づいて発生したという。有価証券はただ存在するだけでは意味がない。取引され流通して初めて機能する。これは簡単なことのようだが、「所有権」という近代的な考え方を前提としないと成り立たない。ローマ法のもとでは、あらゆる点で所有の移行が困難であったという。ゾンバルトはここにもタルムードの影響を認め、ユダヤ法思想が商業の慣習法に影響を与えたと主張する。

一般的にはジョン・ロックの『市民政府二論』によって「所有権」の考えが生まれたと考えられているが、十七世紀オランダにおいてすでに「所有権」は実践されていたことになる。

証券取引所の設立は、証券の取引のために適切な「市場」が形成されたことを意味する。そこでは、すべての証券がその人格的色彩をなくしている。これこそが証券取引所の本質であるとゾンバルトは強調する。また、取引所における取引は、ユダヤ人によって完全に掌握されていたという。「職業としての投機」が成立したのもこの頃のことである。

有価証券の発行を専門とする業者も現われるようになる。これらをゾンバルトは「投機銀行」と呼ぶ。「商品」としての有価証券を発行する証券会社である。なかでも会社創設事業が重要だとゾンバルトは強調する。会社創設事業とは、株式と社債を発行することにより、その際もたらされるプレミアムによる「鞘取り《さやど》」利益を目的とする。現代のＩＰＯ（新規株式公開）の起源である。

投機銀行の設立により、銀行が産業界を支配する体制ができたとゾンバルトは述べる。ロスチャイルド、モルガン、ロックフェラーと、現在まで続く金融財閥による産業支配の原型は、こうして出来上がった。

投機銀行において、資本主義の発展がひとまず最高潮に達した。投機銀行によって、経済生活の商業化が行きつくところまで行きついた。証券取引所の機構が完成したのである。［中略］こうして大銀行は、証券取引所という名の精巧な風向計を、事実上手中に収めた。このような大銀行の支配的地位や、大銀行が広範な顧客の有価証券売買をほぼ自己の裁量で行なえるという事実から、とくに大銀行として新たにうまれた金融業によって、取引所が形骸化されるであろうという結論が導きだせる。

（『ユダヤ人と経済生活』179p）

十七世紀オランダでは、保険や先物取引も存在していたという。先物取引とは、半年や一年先の取引を現時点で決めた相場で契約することである。つまり「ヘッジをする」ことである。外交評論家である岡崎久彦《おかざきひさひこ》氏の『繁栄と衰退と——オランダ史に日本が見える』

には、「獲《と》れる前のにしんを売買した」とある。驚いたことに、この十七世紀のオランダにおいてすでに、ほぼ現在の金融業の形態が完成されていたのである。まさに近代資本主義の勃興と言える。

ところで、ある国が経済的に繁栄するということはどういうことか。漠然と「商取引が盛んに行なわれること」だけでは、分かったようで分からない。十七世紀オランダ経済の繁栄を、もう少し経済学的に説明するにはどうすればよいか。

経済学者リチャード・ヴェルナーが『虚構の終焉』で示した貨幣数量式に従えば、それは貨幣量の増加によってもたらされた繁栄だと言えるかもしれない。貨幣数量式とは、「取引に使われたお金の量（M）×流通速度（V）＝価格（P）×取引量（Q）」という式のことである。「流通速度」とは、たとえば一枚の一万円札が一年に何回取引に使われたかを示す数値である。価格と取引量を掛け合わせたものは、経済取引の全体を表わし、これが経済の規模の大きさを示す。

この式によれば、経済の規模は貨幣の量に比例する。当時は金と銀の「複本位」制である。お金（マネー）といえば金貨と銀貨を意味した。新大陸との貿易で金や銀を獲得したとしても、経済取引に使われるマネーがそんなに急激に増えることはない。

それでは、金と銀の絶対量を増やさずに貨幣の量を増やすにはどうすればよいかというと、信用貨幣（あるいは単に信用）を使用すればよい。信用貨幣とは、商業手形などの有価証券類のことである。これらの証券はまるで「貨幣のように」流通する代用物であり、実質的に貨幣が増加したことと同じ効果を生む。

マネーが増えることにより、取引の量も増えていき、経済的な規模がますます大きくなる。これが十七世紀オランダの繁栄の経済学的な解釈である。

4．ユダヤ資本主義の精神

それではヴェーバーが主張した『プロテスタンティズムの倫理と資本主義の精神』は誤りだったのだろうか。ゾンバルトは、初めに述べたように「ユダヤ人こそが資本主義をつくった」と主張する。これでは両者の主張はまったく重なることがないように見える。

しかし、ゾンバルトは驚くべき主張を行なっている。それはなんと「ピューリタニズムはユダヤ教である」と主張するのである。

「ユダヤ教」というと、我々はすぐに古代の聖書時代のユダヤ教を思い浮かべてしまうが、ゾンバルトによると、現在のユダヤ教はそれらの古代宗教とは関係がない。タルムードの成立は五世紀頃であり、ユダヤ教はそのときに新しくつくり直された。新しくつくり直されたユダヤ教は「合理的」な性格を持っていた。キリスト教も、三位一体やマリア崇拝など非合理的な要素があり、「キリスト教のユダヤ化」により初めて合理的な宗教になったという。以下がゾンバルトの結論である。

ユダヤ教の考え方と、ピューリタニズムの考え方の事実上ほとんど完全な一致を明らかにするに違いない。すなわち、宗教的関心の優位、試練の考え、（とくに！）生活態度の合理化、世俗内的禁欲、宗教的観念と利益獲得への関心との結合、罪の問題の数量的なあつかい、その他もろもろの事柄が両者にあっては全く同一なのである。

［中略］

ピューリタニズムはユダヤ教である。ヴェーバーとわたしの記述に基づけば、両者の精神的関連、いやそればかりか両者の精神的一致を確定させるのは、もはやそれほど困難ではないと思われる。（『ユダヤ人と経済生活』382p）

5. 「前期的資本」としてのユダヤ資本

しかし、経済史家にとっては、いくら外見上華やかに見え、経済的な繁栄を謳歌していたとしても、十七世紀オランダは近代資本主義国とは言えないという学説がある。大塚久雄氏の『国民経済』によれば、十七世紀のオランダ経済は近代的な「産業資本」ではなくて、前近代的な「前期的資本」であるという。

「前期的資本」とは、共同体を土台として打ち立てられた社会(奴隷制や封建制)による「商業資本」および「高利資本」などのことである。これに対して、近代に独自な生産様式たる「資本主義」が、商品生産の一般化という土台の上に構成するのが「産業資本」である。

小室直樹氏の『小室直樹の資本主義原論』によると、両者の違いは以下のようになる。

> 前期的資本においては、利潤は偶然的な事情によって得られる。むしろ、経済の外側、つまり経済外(external economy)から得られる。ここが、前期的資本が産業資本(資本主義の資本)と根本的にちがう点である。産業資本は、経済の内部(生産過程)において、必然的に利潤を生み出す。
>
> (同書158p)

「前期的資本」の最後の輝きはあの有名な「南海泡沫《ほうまつ》事件」であると大塚氏は述べる。「南海泡沫事件」とは、1720年、奴隷供給を主目的に設立された「南海会社」を舞台にした史上初のバブル崩壊事件のこと。同社の株価が一〇倍にも急騰したのちに暴落し、関連の泡沫会社も連鎖的に倒産して投資家が破滅した。

この事件を最後に「前期的資本」は歴史の表舞台から姿を消すことになる。これはイギリス政治上ではトーリー党に代わってウィッグ党が躍進することであり、その結果ウォルポール（Sir Robert Walpole 1676－1745）がイギリス初の首相に就任することになる。

また、「経済学」という学問分野が、アダム・スミスによって創《はじ》められたのもこのときである。「経済学は近代資本主義社会のみを対象とする」というのは、こうした文脈による。労働によって生産された商品が市場に出て取引されるのが経済学の最も基本的な前提であり、これは前近代的な前期的資本にはあてはまらない。

6. オランダ衰退の原因

オランダ衰退の直接の原因は、1652年より三次にわたって行なわれたイギリスとの戦争、いわゆる英蘭戦争である。戦後のオランダはイギリスに海上覇権を奪われ、さらにフランスにまで攻め込まれ、次第に衰退に向かってゆく。

しかし、イギリスの名誉革命（1688年）において、オランダ総督ウィリアムがイギリスの国王になったことで、いったんはオランダの安全は保障されるのだが、オランダは、これ以後には経済的な繁栄をみせることがなくなるのである。

ゾンバルトを読んだ我々にすれば、オランダの衰退は「ユダヤ人がいなくなったから」と考えることができるだろう。そしてそれは、事実起こっていたようである。ゾンバルトは以下のように述べている。

　ロンドンに注目しよう。ここは、十八世紀以降アムステルダムを凌駕《りょうが》し、周知のように、最初の大規模な取引所所在地に発展した。しかも、ロンドンでは、株式取引所に対するユダヤ人の影響は、おそらく、アムステルダム以上に明白に確認できる。とくに次のことがある程度確実に証明できる。すなわち、十七世紀末にロンドンの株式投機が体験した大発展は、その頃ロンドンに移住したアムステルダム・ユダヤ人の活動に帰すことができるということだ。［中略］この突然の、ユダヤ人の氾濫の原因は何か？　これについては、われわれはくわしく知っている。つまり、ウィリアム三世に従って渡英した無数のユダヤ人に起因しているのだ。

（『ユダヤ人と経済生活』151p）

ひとつの仮説が成り立つ。三次にわたるイギリスとの戦争で消耗しきっていたオランダに対して、ユダヤ人は見切りをつけ、国王とともにオランダをあとにしてイギリスに渡ったのではないか。これはその後の歴史において、ユダヤ人が経済環境の変動に直面した際にとる行動の原型であると考えられる。

7．ロンドンのユダヤ人

すでに見てきたように、大塚氏は経済史学の観点から、十七世紀オランダの、投機を本質とする前期的資本から、十八世紀イギリスの産業資本へと、産業構造が変化したことを指摘していた。それではロンドンに移住したユダヤ人たち――前期的資本の担《にな》い手である彼ら――は、いかにしてイギリスのビジネスと結びついたのだろうか。

大塚氏によれば、前期的資本たるユダヤ資本は、イギリスで金融業務を行なって生き延

英蘭戦争

17世紀後半、三次におよぶ戦争の結果、オランダは海上覇権をイギリスに奪われ、この後、衰退に向かっていった。上図は第二次戦争中の1666年、ドーバー海峡における海戦を描いたもの。

びつつも、彼らが主役となって経済を動かすわけではなく、工場生産による新しい産業資本に屈服して従属したという。

「高利貸し」が生業であるユダヤ資本にとっては、近代的な銀行であるイングランド銀行（1694年設立）が「低利貸し」をすることで、深刻な打撃を受けたであろう。

すでに「ウィッグ党の躍進」について述べたが、イングランド銀行の設立は、当時の政争の焦点であったようだ。前期的資本（すなわちユダヤ資本）の後押しを受けるトーリー党と、産業資本をバックにしたウィッグ党の構図である。大塚氏によると、前期的金融業者たちによる攻撃からイングランド銀行を救ったのは、アイザック・ニュートンとジョン・ロックであるという。

『市民政府二論』を著した哲学者ジョン・ロックは、オランダに亡命していたが、名誉革命後はイギリスに戻った。ロックは1691年に『利子引下げと貨幣価値引上げの結果の諸考察』を著しており、1696年には、イギリスの通商弁務官に就任している。

大塚氏によれば、歴史の表舞台から前近代的資本＝ユダヤ資本は消えることになる。しかし、「投機」そのものは、人間の性質に備わっているとしか言いようがないもので、社会から消滅してしまうとは考えられない。また、日本の消費者金融（サラ金）が繁盛しているのを見ても分かるように、正規のルートから金を借りることができない事業者もたくさんいただろう。

つまり、ユダヤ資本は、社会の表面からは一時的に後退するが、その裏側ではしぶとく生きていたに違いない。この後に大英帝国として最盛期を迎えるイギリス経済の繁栄、特に金融街シティの繁栄を見るとき、やはりユダヤ資本はイギリス経済に大きく関与しつづけていたのだと考えないわけにはいかない。ユダヤ資本はそのまま活動を続け、次第に社会の前面に進出してくることになる。

ロスチャイルド財閥のロンドンにおける始祖、ネイサン・ロスチャイルドが活躍しはじめるのはフランス革命（１７８９年）の後であり、ユダヤ系のディズレーリがイギリス首相になるのは、１８６８年である。

8．おわりに

十七世紀オランダ、および十八世紀初頭のイギリスを、経済的な観点から概観してきた。オランダからイギリスへと経済の重心が移動する際にも、ゾンバルトが述べたようなユダヤ人の移住が重要なポイントであることが分かった。つまり、ユダヤ人が集まる国は経済的に繁栄し、ユダヤ人が去った国は衰退するのである。しかし、だからといって近代に繁栄した国がすべてユダヤ人によるものだとは、もちろん言えない。戦後日本の高度経済成長にはユダヤ人はまったく関与していない(はずだ)。

ユダヤ人による繁栄とは、前期的資本つまり投機による繁栄である。これに対して、ユダヤ人によらない繁栄とは、産業資本つまりモノ作りによる繁栄である。戦後日本の繁栄は後者である。十八世紀から十九世紀にわたったイギリスの繁栄は、前期的資本と産業資本、この両者がうまく噛《か》み合った結果ではないかと考えられる。

それでは二十世紀のアメリカはどうだろうか。自動車産業に代表されるようにアメリカは工業国であったが、二十世紀も後半になると、だんだんと金融、すなわち前期的資本に重心を移していったように見える。特に情報技術が大きく発展し、それに合わせて金融技術も、デリバティブに代表される複雑なものになった。この先さらに前期的資本に重心を移し、産業資本を放っておくと、まさに十七世紀オランダの再現になるはずだが、二十一世紀アメリカは世界で突出した軍備を持っており、この点でオランダとはまったく状況が異なる。

ひるがえって現在の日本は、金融面での遅れが指摘され、1990年代からの不況からいまだ抜け出ることができない。ここで一案がある。日本には産業資本があるのだから、日本にユダヤ人を大量に呼んで国籍も日本人にして日本で商売してもらえばよい。そうすれば投機の達人である彼らは一気に経済的繁栄を日本にもたらしてくれることだろう。日本の工業力とユダヤ人の投機の才能を合わせれば、過去のイギリスの覇権にも勝るとも劣らない国づくりができよう。オリンピックの候補地選びではないが、現在アメリカにいるユダヤ人に対して「次は日本に来ませんか?」とキャンペーンを張ってもよい。こうなると、ユダヤ人はまるで福の神のようである。ああ素晴らしきユダヤ資本!

〈参考文献〉

1. リチャード・ヴェルナー／村岡雅美訳『虚構の終焉』PHP研究所　2003年
2. 大塚久雄『欧州経済史』岩波現代文庫　2001年
3. 大塚久雄『国民経済』講談社学術文庫　1994年
4. 大槻春彦（責任編集）『世界の名著27　ロック　ヒューム』中央公論社　1968年
5. 岡崎久彦『繁栄と衰退と――オランダ史に日本が見える』文春文庫　1999年
6. 小室直樹『経済学をめぐる巨匠たち』ダイヤモンド社　2003年
7. 小室直樹『小室直樹の資本主義原論』東洋経済新報社　1997年
8. 鈴木輝二『ユダヤ・エリート』中公新書　2003年
9. ヴェルナー・ゾンバルト／金森誠也・安藤勉訳『ユダヤ人と経済生活』荒地出版社　1994年
10. 中沢新一『緑の資本論』集英社　2002年

7

ユダヤ教が果たしたカルヴァンへの影響

——だから資本主義はユダヤ人がつくった

関根和啓《かずひろ》

キリスト教の中のプロテスタンティズム（新教）とユダヤ教は、そもそもが同じようなものだ、よく似ているという説がある。もしこの説が正しければ、資本主義の精神がプロテスタンティズムから生まれたと説こうが、ユダヤ教から生まれようが、同じこととなる。ルターと並ぶ宗教改革の大立者《おおだてもの》、カルヴァンの思想と、そこに及んだユダヤ教の影響を論考することで、この仮説の可能性を探る。

1　プロテスタンティズムとユダヤ教との関係

宗教改革の立役者、ジョン・カルヴァンを研究していると、次のような記述にぶつかった。

　プロテスタンティズムは実は、原始キリスト教さえも乗り超えて、旧約聖書の預言者的ヘブライズムにまで戻っていたのである（トレルチはプロテスタンティズムを「預言者的キリスト教」とよんでいる）。（『ルネサンスと宗教改革』トレルチ著／内田《うちだ》芳明《よしあき》訳／岩波書店）（湯浅泰雄《ゆあさやすお》『ユングとキリスト教』講談社学術文庫、360p）

社会学者エルンスト・トレルチは、プロテスタンティズムを「預言者的キリスト教」と呼んでいるが、私は「ユダヤ教」そのものだと考えている。そう考えるに至った根拠として、まず、キリスト教神学者ライモンドゥス・ルルスと、ユダヤ教神学者でヘブライ語学者デヴィッド・キムヒを取り上げ、次にユダヤ教がカルヴァンに与えた影響を論じていきたい。

2　ユダヤ教カバラと、ライモンドゥス・ルルス

十二世紀に『迷える者への手引き』をアラビア語で書いて、アリストテレス哲学による理性を重視したモーシェ・ベン＝マイモン（モーゼス・マイモニデス）の死後、神による啓示を重視するユダヤ人たちが、ユダヤ教カバラ最大の書『ゾハル』を生み出した。このユダヤ教カバラが、後のキリスト教世界の人文主義者たちに大いに影響を与えることになる。この先駆けというべき人物が、ライモンドゥス・ルルスである。

ルルスはラテン名をライモンドゥス・ルルス（Raimundus Lullus）、フランス名をレイモン・リュル（Ramon Lull）といい、スコラ哲学者、神学者として、そして錬金術師としても知られている。別名「啓明博士」（Doctor illuminatus）と呼ばれた。1232年頃、人口の三分の一はイスラム教徒のムーア人で、さらにユダヤ人共同体があるスペイン・マリョルカ島の生まれである。自堕落な生活を送っていたが、1262年頃に回心して、フランシスコ会修道士となった。

ルルスは自らの神秘体験を基にイスラム教徒を改宗すべく「大いなる術（Ars magna）」を構想した。「円盤機械」を使ってイスラム教、キリスト教、ユダヤ教のいずれもが共通の基盤にあることを示して、キリスト教への回心を勧めたのだ。左ページの図が円盤機械

ルルスの円盤機械

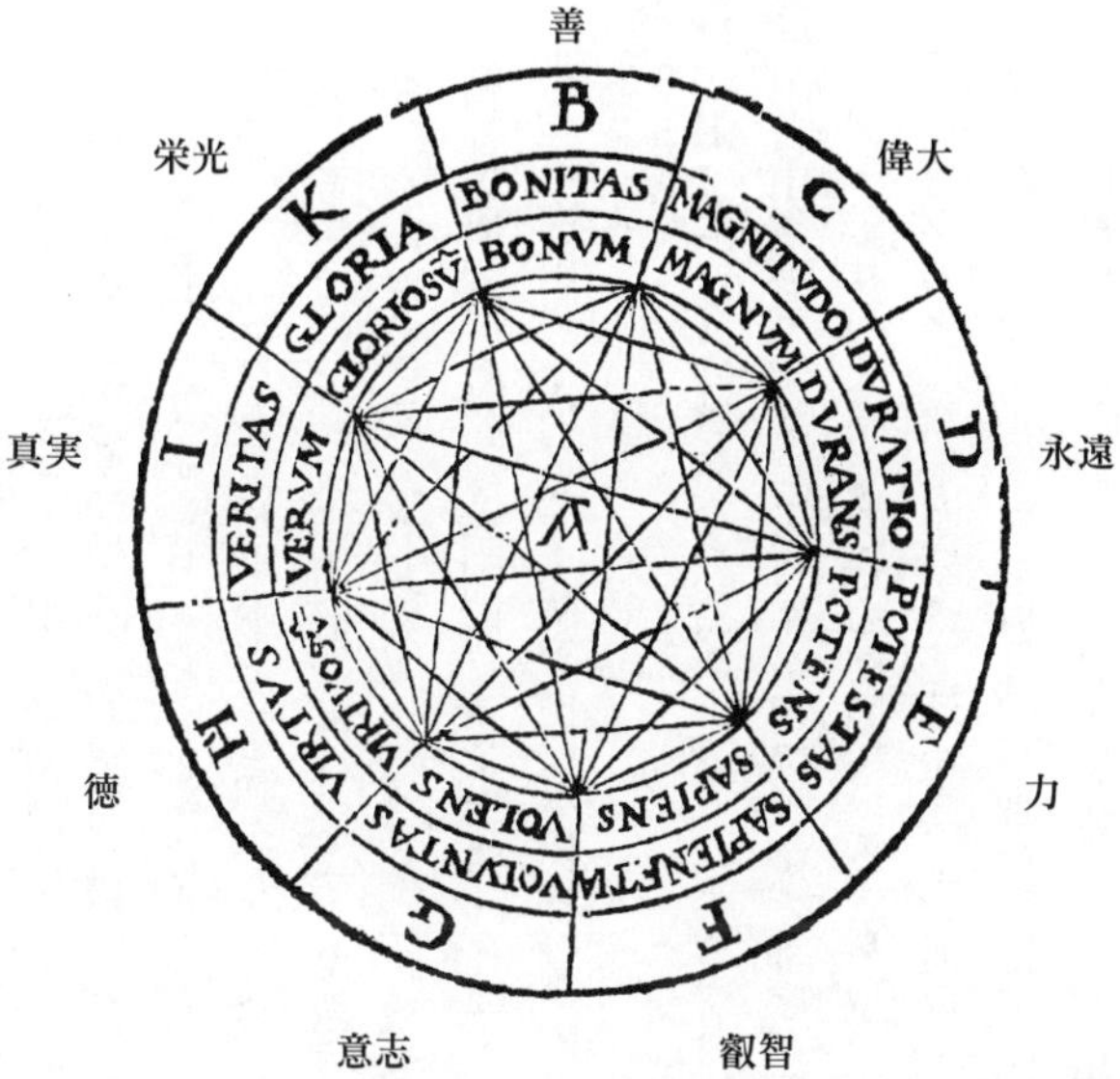

（『1492年のマリア』西垣通　講談社から）

ユダヤ教のカバラから大いに影響を受けたルルスは、イスラム教徒をキリスト教に回心させるべく、上記のような「円盤機械」を考案し、万物の基本概念を示した。

の基本概念図である。実際にはたくさんの円盤が歯車状に連なっている。

ルルスは、神の品格（Dignitates Dei）は九つの属性で構成されているとした。円盤機械にあるそれぞれの属性を表わす文字、B（善）、C（偉大）、D（永遠）、E（力）、F（叡智）、G（意志）、H（徳）、I（真実）、K（栄光）を動かして文字を組み合わせると、誰もが真理に到達できると考えたのだ。この円盤機械は、ユダヤ教カバラの「生命の樹（セフィロティック・ツリー）」から着想したのである。

またルネサンス精神史研究で有名な英国のフランセス・イエイツ女史（Frances A. Yates 1899－1981）は、ルルスの術が、ヘブライ語を用いないカバラ的方法であると指摘している（『魔術的ルネサンス』晶文社、32p）。

さらにルルスは、ドミニコ会の著名な教会法学者、ペニャフォルテのライモンドゥスの勧めに従い、独学で自由学芸、アラビア哲学、スコラ学、神学、医学を修得している。またパリ、モンペリエ、ナポリの大学で教鞭を執っている。教皇、王侯貴族、托鉢《たくはつ》修道会とも交流があり、比較宗教学の著『諸宗派の書』ほか三〇〇冊以上の著作を残して、カタルーニャの天才と呼ばれた。またルルスは、信仰の真理を理性で証明しようと考えて、幾何学的図形を使う存在論的結合術（アルス・コンビナトリア）を生み出している。

ルルスの思想は、後のニコラウス・クザーヌス、ピコ・デッラ・ミランドラ、ジョルダーノ・ブルーノ、そしてカルヴァンの同志ギヨーム・ファレルの師フェーヴル・デタープルに至るまで、ルネサンス期の思想家たちに影響を与えた。

3 キムヒ一族のヘブライ語文法

クラウス・リーゼンフーバー上智大学名誉教授によると、キリスト教の世界では十一、十二世紀にアラビア語を通じて、アリストテレスや、ユダヤ人哲学者でアレクサンドリアのフィロン（Philon 前25—後50年頃）が源泉となった新プラトン主義の思想の受容が行なわれている。しかし十二世紀末になるとイスラム世界では、アヴェロエスのアリストテレスに基づく合理的形而上学が否定されてから、神秘思想に傾倒していった。

そして十三世紀になるとユダヤ人学者は、アラビア語からヘブライ語で学問を記述するようになる（『中世思想史』平凡社）。この時代に活躍したのがキムヒ一族である。ユダヤ学者である手島勲矢《てしまいざや》氏は、ヘブライ語文法について次のように述べている。

アンダルス（イスラム領スペイン・引用者）では、11世紀のユダ・ハユージ、12世紀のアブラハム・イブン・エズラらが文法理論を整理した。動詞語根から能動・受動など七つの態が派生する、という基本理論はこのアンダルスに生まれている。このなかからキムヒ家の文法が生まれ、物議をかもした。キムヒ一族の新文法は、キリスト教圏に伝わり、宗教改革期の聖書学者はみな、これを学んだ。

（手島勲矢編『わかるユダヤ学』日本実業出版社、133 p）

キムヒ家は、聖書学者（ラビ）でヘブライ語文法学者の一族である。父ヨセフ（Joseph 1105－1170）、兄モーゼ（Moses－1190）も有名だが、最も有名なのは弟デヴィッド（David, Radaq 1160?－1235）である。

彼は、「マイモニデス事件（１２０４年）」（神の啓示を重視するユダヤ人たちが、マイモニデスの思想を排斥しようとした）のときに、マイモニデスの理性重視の立場を支持して、『迷える者への手引き』をヘブライ語に翻訳している。

現在デヴィッドのヘブライ語文法は、米国のブロック出版社（Bloch Publishing 2001）から英語版が出版されている。翻訳者は、変形生成文法で知られるユダヤ系英語学者ノーム・チョムスキー（１９２８―）の父親で、ヘブライ語学者のウイリアム・チョムスキー

（1896－1977年）である。

『エンサイクロペディア・ブリタニカ』によって、聖書学者デヴィッド・キムヒの業績を祖述すると、彼の聖書解釈は1524／25年版の大ラビ聖書（the Great Rabbinic Bible）で、公式文書に認定されている。彼の解釈は、反キリスト教的な見解が多いにもかかわらず、近代英語の模範となり、1611年に出版された『キング・ジェイムズ版聖書』（欽定訳聖書）に使われていることが、学者たちの研究によって証明されている。さらに彼の文法書（Sefer Mikhlol）と、兄モーゼの文法書（Mahalak Shebile Ha-daat）は、当時のヘブライ語学習の規範となって、十六世紀の宗教改革者のヘブライ語の習得に、大いに貢献したとのことである。

4　カルヴァンがヘブライ語文法を学んだことの意味

人文主義に関心を抱いていたカルヴァンは、1529年にブールジュにいるアンドレア・アルチャーティ（Andrea Alciati　1492－1550）の人文学を学んでいる。さらにオルレアン時代からの友人メルヒオル・フォルマル（Melchior Volmar 1497－1560）からギリシャ語を教わっている。これがきっかけとなりギリシャ語で書かれた新約聖書に関心を持つようになった。

だが彼の人生は、法律家の父が横領のかどで告訴されて破門されたまま死ぬと、生活が一変する。1531年にパリに戻ってきた彼は、人文主義者（ヒューマニスト、ユマニスト）の牙城《がじょう》「王立教授団」でギリシャ語とヘブライ語の講義を受け、その翌年『セネカ「寛容論」註解』を出版している。

1533年に「突然の回心（sudden conversion）」によって急激な宗教改革者となると、翌年にスイスのバーゼルに逃れて、ここでヘブライ語を独学した。

ロジャー・トームズ（Roger Tomes）の研究によると、カルヴァンなどの宗教改革者たちは、皆キムヒ家のヘブライ語文法を学び、ユダヤ教の解釈をよく使用している。だが彼らは思想としては受け入れたが、ユダヤ人に好感を持つには至っていない。そしてカルヴァンの『ジュネーブ聖書』や英国国教会の『キング・ジェイムズ版聖書』（欽定訳聖書）には、改訂版が出ているのにもかかわらず、ヘブライ語聖書の研究個所やデヴィッド・キムヒの解釈の使用が見られると書かれている（英マンチェスター大学神学部ユダヤ学研究所、2000年1―3月講義、ロジャー・トームズ）。

その後カルヴァンたちは、マリア像などの偶像や聖宝を教会から取り除き、『新約聖書』

の福音より『旧約聖書』の律法を重んじた。この結果カルヴァンたちは、カトリック側から「ユダヤ教化を謀《はか》る者」とレッテルを貼られて、旧約聖書に精通したヘブライ学者と見なされるようになった（『ユダヤ人の歴史』マックス・ディモント、ミルトス、283p）。

5　カルヴァンの唱《とな》える「二重予定説」とは

ユダヤ教の合理性についてマックス・ヴェーバーは、『古代ユダヤ教』（みすず書房）の中で、経済的合理性、倫理的合理性を挙げている。ところでヴェーバーは、伝統主義に基づく社会の場合、近代資本主義は生まれないと主張している。ここでいう伝統主義とは、「よいか悪いかは問わず、昨日までそれが行なわれてきたというだけでそれを正当化する」ということを指している。しかしユダヤ教共同体には、この伝統は悪い伝統だから止める、この伝統はよい伝統だから尊重するという合理的判断力があるのだ。この例として『タムルード』の一節を挙げておく。

「自分の頭で伝統の意味を考えない者は、他人の手に引かれた盲人に等しい」

（M・トケイヤー『ユダヤ処世術』徳間書店、119p）

つまり、ユダヤ教共同体は、経済性、倫理性、伝統打破という合理性を持つ社会であるのだ。だが欠けているものが一つある。それは行動的禁欲《アクティイヴ・アスケーゼ》である。その意味は、ただ一つの目的達成のために、全身全霊を集中的に注ぎ込むことである。この実践は、デヴィッド・キムヒの聖書解釈を引き継いだカルヴァン派のプロテスタントや改宗ユダヤ人が行なったと考えられる。この行動的禁欲を生み出したのは、予定説だと言われている。カルヴァンは、予定説を次のように説明している。

誰が救済され、誰が救済されないかは神が一方的に意志決定する。そして、必ず神の意志どおりになる。神のこの意志決定は天地創造《てんちそうぞう》のときになされ、人間がこれに関与することも変更することも不可能である。人間の偉業、行為の是非善悪は少しも関係しない。人間が神の意志決定を知ることは不可能である。
（マックス・ヴェーバー『プロテスタンティズムの倫理と資本主義の精神』145p、ウエストミンスター信仰告白）

カルヴァンは、救済される者と滅ぼされる者の両者が、あらかじめ決められていると唱えている。この思想を二重予定（double predestination）、または聖定（Decretum Horribile, an awful decree）という。これは「神の恵みと愛の圧倒的な大きさの前で、自分の自由意志など『からし種』ほどの小さなものにすぎない」という筆舌を超えた「恩寵の体験」を、あえて人間の限りある言葉で表現したものである。

一般的に彼の予定説は、パウロの「ローマ人への手紙」から成立したと言われている。

神はあらかじめ定められた者たちを召し出し、召し出した者たちを義とし、義とされた者たちに栄光をお与えになったのです。では、これらのことについて何と言ったらよいだろうか。もし神がわたしたちの味方であるならば、だれがわたしたちに敵対できますか。わたしたちすべてのために、その御子《みこ》をさえ惜しまず死に渡された方は、御子と一緒にすべてのものをわたしたちに賜《たまわ》らないはずがありましょうか。だれが神に選ばれた者たちを訴えるでしょう。人を義としてくださるのは神なのです。

（「ローマ人への手紙」8章30―33節／新共同訳／日本聖書協会）

だがパウロ自身は予定説を唱えたことはない。そしてキリスト教社会では、九世紀に「予定論争」が起きて、二重予定的な考えは否定されているのだ。リーゼンフーバー上智大名誉教授は、この論争を次のように記述している。

9世紀中葉の神学思想を衝き動かした「神の予定」をめぐる論争（848〜62年）においても、最終的にはすべての人の救い主たるキリストの意義が問題となった。高い学識と激越な性格を具えた修道士オルベのゴットシャルク（Gottschalk Godescalcus 806/08–70以前）は神の二重的予定、すなわち人間には永遠の救いと永遠の滅びのどちらかが定められているという説を唱え、キリストによる救いの意味と力を、救いを予定された人々だけに限定した。

当初彼は、ラトラムヌスや、フェリエールのルプスの支持を得たが、ランスのヒンクマルスの激しい反論に遭った。ヒンクマルスは、神の普遍的な救済意志を強調し、滅びに至る人間に関しては神の予知のみを認め、その滅びをもたらす予定を否定し、救いの出来事における人間の自由を明らかにしたのである。

（クラウス・リーゼンフーバー『中世思想史』村井則夫訳、平凡社、135p）

つまり予定説において二重予定は否定されたが、一重予定（single predestination）は生き残っている。別の言い方をすれば、選民思想が否定されて、万人救済になったのだ。アウグスティヌスからルターまで予定説といえば一重予定説である。ここでプロテスタント神学の権威であるエミール＝G・レオナールの著書を参照して、カルヴァンの二重予定について考えたい。

カルヴァンは死を迎えて次の言葉を残している。

「主よ、あなたはこのわたしを打ち砕きたまいます。しかし、それがあなたの御手から来たというだけで、わたしは満ち足りております」

レオナールは神の全能を述べていると指摘している（『プロテスタントの歴史』渡辺信夫訳、白水社・文庫クセジュ、77p）。さらにレオナールは、

「神の戦慄すべき威厳を思うならば、われわれは恐怖なしではすまされない」

「かれの無限はわれわれを恐れさせずにはおかない」
「畏《おそ》れは宗教の根本である」

という言葉から「カルヴァンの神は、中世末期の神秘主義者の表現をうけついだものである」と述べている（同書75―76p）。

中世末期の神秘主義者の一人であるルルスには、『愛する者と愛された者についての書』という著書がある。この書は、ルルス研究者（ルリスタ）として著名なT・カレーラス・イ・アルタウが「ルルスの神秘主義のみならず全哲学が、正真正銘に逸脱なく、神秘的なこの愛の祈禱書に要約されている」と評している。題名にある「愛する者」とは、キリスト教徒を意味し、「愛された者」とはイエス・キリストを意味している。この本は一年で読み終えるように三六六節で構成されている。そして三一〇日目に、次の一節がある。

「御身《おんみ》の力は、〈愛された者〉よ、恵み深さと憐れみと宥恕《ゆうじょ》により私をお救いになれます。また正義により、またわが至らなさの罪により私を罰することがおできになれます。御身の力は御身の意志を私の内において成就《じょうじゅ》させせられます。なぜなら、御身の

ルルスの二重予定説

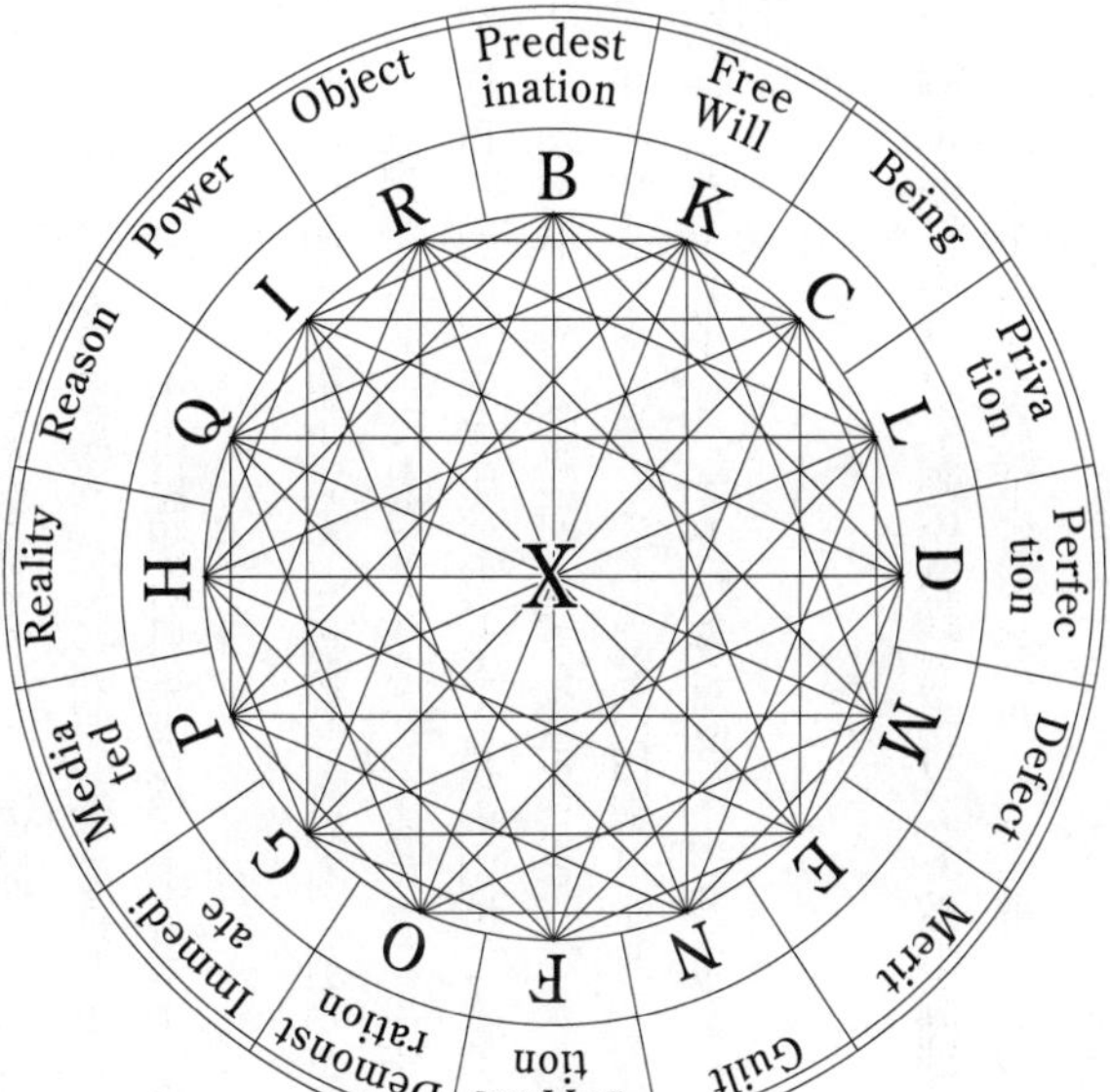

ウンベルト・エーコは、この円盤から「予定（Predestination）と比べて自由意志（Free Will）のほうが小さい」と読みとり、ルルスの二重予定説を証明するものとした。

真理は至上であり、御身の栄光を讃えるために真理はわが意志をここ下界から引き上げ、またわが至らなささを忌み嫌うためにわが意志を押し下げ給うからです」

（『中世思想原典集成18』上智大学中世思想研究所編訳、89p）

レオナールは、この一節を二重予定だと指摘している（前掲書74p）。さらにルルスが二重予定を述べていた証拠がある。それはルルスが、カバラの「生命の樹」からヒントを得てつくった「円盤機械」の記号Xを中心とした一枚の円盤である（前ページ）。記号Xの真上に、記号B（善）と予定（Predestination）、その右に記号K（栄光）と自由意志（Free Will）が記述されている。そしてこの円盤はルルスの位格表によると「予定と比べて自由意志のほうがより小さい」という意味である（ウンベルト・エーコ『完全言語の探求』平凡社、96p）。

6 資本主義の精神におけるユダヤ教の教義とキリスト教の倫理

さて中世末期に、二重予定なる言葉を残したルルスの継承者の一人に、フランス人文学者J・ルフェーヴル・デタープル（Jacques Lefévre d'Étaples 1450?–1536）がいる。デタープルは、ルルスの神秘主義や倫理学に関心を持ち、ルルスの著作を出版している。そして「モーの聖書学者たち」を主宰して福音的人文運動を行なっている。

この運動に参加してデタープルの弟子となったのがギヨーム・ファレル（Guillaume Farel 1489－1565）である。カルヴァンは、従兄ピエール＝ロベール・オリヴェタン（Pierre-Robert Olivetan 1506－1538）を通じて、このグループと知り合いになっている。またカルヴァンは、オリヴェタンと、ルターの教説や改革運動について、話し合っていたようである。

後にファレルは、改革派教会創設時のメンバーの一人となり、ジュネーブにやってきたカルヴァンを説得して仲間に引き入れている（久米あつみ『カルヴァンとユマニスム』御茶の水書房、15－16p）。

まさにファレルこそカルヴァン派の生みの親である。そしてカルヴァンは、デタープルやファレルからルルスを知り、二重予定説を唱えたと推察される。言い換えるとカルヴァンは、選民思想を持つユダヤ教を起源としたカバラのような神秘思想からヒントを得て、キリスト教の正統思想である一重予定説を捨て、異端思想である二重予定説を唱えたのだと考えられる。

ところでカルヴァンは、最初から救われる人間とそうでない人間が決められているとする二重予定説を唱えてはいるが、救われる職業とそうでない職業があるとは説いていない。古代ユダヤ教では、賤《いや》しい者を「地の民」として差別していた。イエス・キリストは、漁民、徴税人、売春婦、ハンセン病患者など、ユダヤ社会が差別していた人々に救いの福音を説いていた。ゆえに中世の身分社会を打破して近代資本主義社会をつくるには、職業に貴賤なしとするキリスト教倫理が必要なのである。

これらをまとめるとカルヴァンは、旧約聖書の律法を重んじて「ユダヤ教化を謀《はか》る者」とレッテルを貼られている。さらにパウロの「ローマ人への手紙」を後解釈して二重予定説を唱えたと考えられる。そしてキリスト教は、職業による差別を廃した倫理を唱えている。

これが「資本主義の精神はユダヤ教の教義と、キリスト教の倫理との合作である」とする私の「ユダヤ人が資本主義をつくった論」の結論である。

〈参考文献〉
1・副島隆彦『アメリカの秘密』メディアワークス　1998年
2・ヘルマン・テュヒレほか『キリスト教史5』上智大学中世思想研究所、平凡社　1997年
3・リチャード・H・トーニー／出口勇蔵、越智武臣訳『宗教と資本主義の興隆』岩波書店（岩波文庫）1956年
4・小室直樹『日本人のための宗教原論』徳間書店　2000年
5・ヴェルナー・ゾンバルト／金森誠也、安藤勉訳『ユダヤ人と経済生活』荒地出版社　1994年
6・エルンスト・トレルチ／内田芳明訳『ルネサンスと宗教改革』岩波書店（岩波文庫）1959年

8

ユダヤの商法を擁護したベンサムの思想

根尾知史《ねおともし》

「最大多数の最大幸福」で知られる十八世紀イギリスの思想家、ジェレミー・ベンサム。彼は当時のイギリスを席巻《せっけん》していたユダヤの金融商人、とりわけその高利貸しを「功利主義」（ユーティリタリアニズム）の立場から擁護した希有《けう》な思想家だった。アダム・スミスとの論争を基に、ベンサムの著書『高利貸し擁護論』を繙《ひもと》き、ユダヤ人の持つ「合理性」について論考する。

ユダヤ人の金融力が、大英帝国を築いた

私は、この章でジェレミー・ベンサム（Jeremy Bentham 1748－1832）について書こうと思う。彼はユダヤ人ではない。しかし、ユダヤ人を擁護し、ユダヤ人以上にユダヤ人の合理的精神、価値観を理解し、それを近代学問（Modern Science）の域にまで論理化した思想家である。そして、その根本原理である「合理主義（Rationalism, レイシオ Ratio）」の思想を、十八世紀イギリスのリベラル学者の中で初めて、「ユーティリタリアニズム（Utilitarianism 功利主義）」として、体系化してみせた。

ベンサムは、日本では「功利主義」の発案者として、「最大多数の最大幸福」という言葉だけが、独り歩きしている。よく意味も分からないままベンサムの名前とワンセットで記憶されている。

「弱肉強食の人間社会では、できるだけ多くの人間が幸せになればいい。その幸福の分け前からこぼれる人間が出るのはしょうがないことだ。だからこそ『できるだけ多く（最大多数）』の人々を救うことを目指さなくてはならない」

こういう分かったような、分からないような解釈をされている。

そもそも「ユーティリタリアニズム（Utilitarianism）」とは、「功利主義」と訳されてき

たが、実際は、「できる限り多くの人民の利益を実現するための合理主義」の思想であり、「公益合理主義」と訳すべきなのである。

ベンサムは、当時のイギリスですでにその矛盾を噴出させていた「コモン・ロー(Common Law)」を代表とする、実態にそぐわない法的な取り決めや、「自然権(Natural Rights)」や「倫理・道徳(morals)」などの抽象的で曖昧《あいまい》な法律用語、政府による独断的な規制や政策に激しく噛《か》み付いた、ラディカル(radical 急進的)な学者であった。

近代ヨーロッパの自由思想が広まりつつあった近代のイギリスの中で、保守的で、権威主義的な同僚の学者や貴族仲間が、ユダヤ人の抜け目ない商取引の手法を批判するのに対して、反論を続けている。

ベンサムは、ユダヤ人を保護し、ユダヤ人が生み出した最も合理的な資本の活用方法である、高利貸し業(Usury ユザリー)を擁護する論陣を張ったのだ。当時の法律は、高利貸し業を規制しており、お金を貸しても、一定の利率以上の利子を取ってはいけないという取り決めがあった。

彼は、ユダヤ人をもっと大切に扱ったほうがよいと考えていた。特に、金を迅速に集め、それを最も合理的な方法で大きく増やすことができるユダヤ人の金融の能力を、もっ

高利貸しを擁護した思想家

ジェレミー・ベンサム（Jeremy Bentham, 1748―1832）
「最大多数の最大幸福」で知られる彼は、ユダヤ人の高利貸しを「最も合理的な資本の活用方法」とする論陣を張った。

と深刻に学ばなくてはならないと主張した。

大英帝国（British Empire）の繁栄があるのは、ユダヤ商人たちの資本収集力があったからこそではないか。ユダヤ人の資本力のおかげで、イギリスはスペイン帝国の無敵艦隊（Invincible Armada）を打ち破ったのだ（１５８８年）。後のヴィクトリア女王（Queen Victoria 1819－1901）をはじめ、英国王室は、代々ユダヤびいきで知られていた。彼の一貫した論旨は、こうした歴史的な背景から生まれている。

人間の幸福を合理的に測定する方法とは

いかなる国家権力や国王や政府の権威も、難解な法律規定や、曖昧《あいまい》な正当化によって、人間が自主的に決める取引や約束事、個人の自由な選択に、むやみに干渉することはできない。彼のこの考え方は、「民主主義（デモクラシー democracy）」を当たり前だと思っている現在の私たちが聞くと、当然のことのように聞こえる。しかし、国王の権力のもとに統制されていた十八世紀から十九世紀半ばの英国貴族政治社会では、この思想は「超」リベラルであった。

このベンサムの主張は、中世までの曖昧な神秘主義への迷信、非合理で主観的な「神霊・精霊・死霊（spirit）」や「魔術（magic）」への信仰からの離脱を意味していた。当時はまだ、彼と同じリベラルと呼ばれた学者たちの間でもほとんどが、「自然の法則（Natural Law）」が社会や経済活動に作用すると信じていた。アダム・スミス（Adam Smith 1723－1790）が主張した社会や自由市場を均衡させる「神の見えざる手（invisible hands）」がその代表である。ベンサムは、この「自然法（Natural Law）」の思想に一人、反旗を翻《ひるがえ》したのである。

宗教的あるいは倫理的な価値判断などの曖昧さをすべて破棄して、合理的な認識で理解することができる事柄だけを法律として制定せよというその主張は、当時の政府政策や法制度の矛盾点を、小気味良く衝《つ》くものであった。

たとえば、ジャン＝ジャック・ルソー（Jean-Jacques Rousseau 1712－1778）は、『社会契約論』において、国民の「義務」とは社会の秩序を守るために、人民と政府との間で結ばれた「契約」によって発生すると主張した。

しかしベンサムは、そんな契約が本当にあるのなら、その現物（“Original Contract”）を見せてくれ、と一蹴している。そんな言い分は、政府が押し付ける義務を「正当化（justify）」するための作り話、フィクション（fiction）にすぎない。こうした社会制度の中のフィクションこそ、人間生活を不必要に混乱させているのだと喝破した（Jeremy Bentham『政府の一断片（*A Fragment of Government, 1776*）』p.51）。

政治権力の正当性、法律が取り決める社会的正義、つまり、やって良いことと悪いことの価値判断は、誰が決めたのか。かつては、人々を納得させる根拠は「神」が人間に与えてくれるものだ、と宣言することであった。しかし、当時は啓蒙主義（the Enlightenment）に続く時代である。人々は、何らかの威光や物理的強制力に怯《おび》え、神や王権や貴族の特権に屈するだけの生活から、脱却を始めていた。

この発端となるのが、イギリスで十八世紀半ばに起こった産業革命（the Industrial Revolution）であり、近代資本主義の発達である。民衆の精神面での合理性を求める端緒は、それ以前、十六世紀初期の「宗教改革（the Reformation）」に、文化や芸術面では、十四世紀から十六世紀にイタリアから興った「ルネッサンス（Renaissance）」にまで遡《さかのぼ》る。この時代の革新的な息吹を、理論的に整理し、書き記したのがベンサムである。

ベンサムは、「人間の幸福」の客観的判断基準として、最も根源的な人間行動の動機である「喜び・満足（pleasure）」と「苦痛（pain）」という、一番客体化しやすい人間の主観である「直接経験（direct experience）」を選んだ。すべての法律や政府や国家の政策は、最終的に人民の「喜び・満足」を、最大限に増加させ、「苦痛」を最小限に抑えることができるかどうかという判断基準から、実行するかどうか決定するべきである。

さらに、経済政策や経済活動の、有用性を合理的に測る目安として、誰が見ても同じ値としてその程度を理解し共有できる尺度を求めた。その結果彼は、「市場における価値」つまり「お金」に換算したらどれくらいの値段がつくのか、という考えに辿《たど》りついたのだ。人間の倫理や道徳、価値観を、正確で客観的に捉えることができる唯一の手段は、お金による市場での価値を測定することである。これによって常に「自己利益（self interest）」を求めて活動をする人間の「幸福（happiness）」を、科学的に理論化することが可能になったのだ。

ここから、ベンサムのユダヤ人びいきが、必然的なものであることが分かる。

だからこそ、彼のアダム・スミスとの手紙のやり取りをまとめた短いエッセイ、『高利貸し擁護論（ディフェンス・オヴ・ユザリー *Defence of Usury, 1787*）』で、古代ローマ帝国の時代から、金貸し業でがめつく、しぶとく、たくましく生き延びてきたユダヤ人に関わるテーマを、意図的に取り上げたのだ。

ユダヤ人にとって「お金」は、唯一最強の武器である

ユダヤ人は、古代から各民族間の商取引の仲介業者として活躍した。それぞれの入植先の国内では、ユダヤ人コミュニティ（community 共同居住地区）を作り、土着の不在地主（総督“Stadtholder”）と小作農の間に立って、仲介人の役割を果たした。巨大な不動産を保有するほどに成功したユダヤ人は、その地域の有力者になることも少なくなかった。その最たるものが、地域農民からの徴税権（“toll”）の獲得であり、それはとりもなおさず、経済活動のための不動産から動産まで、利子を付けて貸し付けるだけの資本力を握ったことを意味する。

ユダヤ人独自の信仰であるユダヤ教（彼らが「ヘブライ聖典 Hebrew Bible」と呼ぶ「旧約聖書」、特に最初の「モーセ五書〈＝トーラー Torah〉」を教義の源流とする。これを後世のユダヤ人学者が、紀元前後をまたいで約７００年かけて研究・注釈を集積した書物が、有名な「タルムード Talmud」である）に、他民族へ金を貸した場合は、利子を取り上げることは罪ではない（ただし、身内のユダヤ人同士では利子は禁止）という教えがある。それを実行しつづけた結果として、現在の、国際的な金融独占体制を構築するまでに至ったのだ。

キリスト教は、金に金を生ませる利子という考え方を否定し、金儲けを汚らわしい罪深

いことで、お金は溜め込むのではなく分け与えなくてはならないものだ、と教えた。キリスト教の信者から見れば、高利をむさぼる不届きなユダヤ人は、常に地中海ヨーロッパ地域における各種民族の中で、迫害の的であったことは、想像に難くない（ポール・ジョンソン『ユダヤ人の歴史・上』徳間書店、418p）。

しかし、ベンサムは、このユダヤ人の高利貸し業を、この著作で徹底して擁護している。ベンサムが、本当にどこまでユダヤ人が好きであったのかは疑わしい。それよりも、ユダヤ人がまだまだ当たり前に差別を受け、社会の中で迫害されていた十八世紀から十九世紀の初頭に、あえて、嫌われ者のユダヤ人の肩を持ってみせるという、コントラリアン（Contrarian あまのじゃく）ベンサム一流の言論戦略があったのだ。

ユダヤ人が、被差別民族としての長い歴史の中で、どれだけ権力者たちに都合よく利用され、使い捨てられてきたのかを、ベンサムはよく理解していた。十八世紀に現われた、王室専属の私設銀行家である「宮廷ユダヤ人（court Jews）」（ポール・ジョンソン『ユダヤ人の歴史・下』14p）を、ベンサムは同時代人として間近で見ている。ユダヤ人が持つ、合理的に財産を獲得・管理する能力と、いざというときには、迫害されてその資金をたやすく強奪されてしまう被差別人種としての悲劇を、彼は現実に認識していた。

金貸し業がユダヤ人の職業であるというのは、歴史的事実に裏付けられたステレオタイプである。古代からの歴史でずっと被差別民族であるユダヤ人種にとっては、この高利貸し業が、つまり、お金を権力者に融通して、彼らの金玉を握り締める（懐《ふところ》を押さえる）という戦術しか、民族として、その迫害と人種殺戮の歴史を生き残る術《すべ》はなかった。ユダヤ人にとってお金は唯一の武器だった。お金を持っていなければ、すぐに差別の対象にされるということは、自分たちの親から代々、ユダヤ人に生まれついた瞬間に自覚させられる。

だから、ユダヤ人は皆、飽きずにひたすら、必死に金を稼ぐのだ。「お金＝武器」があれば、社会的地位も、安全も、生活も、家族も保証される。これ以上の、明確で当たり前の事実があるだろうか。自分の生活、家族、種族の安全は、お金で守ることができるのだ。

ロスチャイルド家、繁栄の秘密

個人同士の自由な意思に基づいた契約によって行なわれる商業活動こそは、ユダヤ人の生き残りのための唯一の術であった。貴族や王族たちへの古銭商から身を起こした、マイヤー・アムシェル・ロスチャイルド（Meyer Amschel Rothschild 1743－1812）に始まる欧州ロスチャイルド家の巨大な繁栄は、王権、政府、宗教の権威から、そして、歴史に横たわるユダヤ人差別から脱するための唯一の梃子《てこ》（lever レバー）として、自由な商業活動を最大限に発展させた結果である。

自らを守るための武器として、お金の有効性を最大限に生かす戦術に、たとえば、「投機（speculation）」がある。この金が金を生む仕組みを使った「レバレッジ（leverage 梃子の作用）」により、政治的な権威に対しても、大きな力、経済的な政治力を持つことができるのだ。この梃子を驚異的に活用して世界の経済を牛耳《ぎゅうじ》るまでに飛躍させたのが、ロスチャイルドのロンドン分家の創業者、二代目のネイサン・ロスチャイルド卿（Nathan Meyer Rothschild 1777－1836）である。彼が、ベンサムと同時代に活躍していたことも、興味深い事実である。

ロスチャイルドは、自分が持っている最新の正確な情報と、周りの人間が抱く彼への幻想、さらには、実質的な資金力を駆使して、当時の取引市場価格の操縦をすることができた。投機という自由取引の中では、自らの金を投じて価格変動の不確定性に晒《さら》される瞬間に、王様も平民も対等になるのだ。

ロスチャイルド家がつくりあげた、現在の世界経済までも動かし続ける欧州商業貴族連合は、こうした合理的経済活動の究極の具現化である。現代における、金融ユダヤ人たちの巨大な繁栄は、この経済活動の「梃子の原理」を大きく利用できたことに由来するのだ（横山三四郎『ロスチャイルド家』講談社現代新書、68－71p）。

たしかに、ユダヤ人種を差別の歴史から解き放つために、お金以外の方法を考えたユダヤ人知識人や革命家たちも、数多くいた。ユダヤ人であったカール・マルクス（Karl Marx 1818－1883）は、資本家階級と労働者階級の間の「階級の闘争」として『資本論』を書き、資本主義のシステムを打破するための革命を提示した。しかし、彼が、本当に壊《こわ》したかったものは、自らも持つユダヤの民族性であった。マルクスの共産主義（反資本主義、反階級社会革命）は、本当は、「反ユダヤ主義（anti-semitism アンタイ・セミティズム、アンチ・ユダヤ）」革命である。

自らのユダヤ民族性をすべて抹殺して、つまり民族の伝統や宗教や文化を破壊する革命を起こすことで、自らユダヤ人ではなくキリスト教ヨーロッパ人に人種転換してしまえばよい。この「同化主義」思想が、マルクスの「人類を資本主義の支配から解放する」革命の、本当の動機であり最初の命題である（ポール・ジョンソン『ユダヤ人の歴史・下』68－81

p)。

ベンサムは、ユダヤ人の合理主義的民族性から育《はぐく》まれた高利貸しは、効率的な経済活動に不可欠の要素であると訴えた。

経済活動で当たり前に行なわれている資金貸し借りの利子率にまで、政府が規制をかけてしまうのは、合理的で自然な人々の経済判断を狂わせてしまうのだ、と訴えた。以下にその、アダム・スミスとの往復書簡集である『高利貸し擁護論（ディフェンス・オヴ・ユザリー Defence of Usury)』を見ていこう。

高利貸しは、なぜいけないのか？

ベンサムは、このアダム・スミスとの手紙のやり取りの中で、一貫して以下の一点を主張している。つまり、お金を貸す人間（lender）は、そのお金を借りる人間（borrower）以上のリスクを引き受けることになるのだ。だから、その代償（reward）として、利子（interest）を受け取るのは当然である。このことを、日常の金の貸し借りと、他の品物、たとえば牛や馬などの家畜の貸し借りやあらゆる物の貸し借りの事例と比べて、明確に説明してみせている。

借金の借り手が、契約どおりに、利子を返済予定日その日に払えば、貸し主はその利子を上乗せした金額を、さらに貸し出して、複利の利子（compound interest）を稼ぐことができるはずである。しかしもし、貸し主がその約束の利子を受け取り損《そこ》なったら、貸し主は、一転して損失者（loser）になる。一方の借り手は、返済予定日に借金を返したからと言って、損失者（loser）になるわけではない。その上、もし返済日が来ても返さないでいると、逆に今度は、利得者（gainer）になってしまうのだ。それで貸し主が受ける苦痛や失望感は、借り手は感じずにすむのである。

（Bentham, Jeremy, "LETTER XI Compound Interest", *Defence of Usury* から筆者訳）

だからお金を貸し出す貸し主は、実際の悪徳イメージに反して、それだけのリスクを負っているのであり、利子を取るのは当然であると主張する。たとえば、もし農家が作業用の馬を他人に貸し出す場合、自分の大事な商売道具を、しばらく放棄することになる。つまりその間にそれを使ってさらにお金を創ることができるその時間を犠牲にして、他人に馬を貸すということだ。だから、このお礼（報酬）として、返済時に借り賃や何らかのそれに見合ったお金を受け取ることは、当たり前である。

現金の貸し借りも、まったく同じである。これを使って、何らかの経済活動をしていれば、さらにお金を儲けることができたかもしれない。この機会（opportunity）を放棄して、他人にそのお金を貸してあげるのである。その報いを利子として要求することに、なんの悪意も不道徳もない。

実はここに、現在も大学の経済学入門の授業で、最初に教わる「機会費用（Opportunity Cost オポチュニティー・コスト）」という概念の初出が見られる。つまり、何かを得られるはずの「機会」を手渡してしまう代わりに、別の何かを得ることができる。失った「機会」が、何か別のものを得るためのコストになるのだ、という考え方である。

そして、これだけ不利な立場にあるはずの貸し主が、なぜ、これほどまでに悪者扱いされているのか。ベンサムの、高利貸しへのディフェンス（防衛論陣）が、展開される。その最大の原因は、人々の持つ偏見（prejudice）である。

利子を付けて金を貸すことは、金を獲得しようとする（欲深い）行為である。（キリスト教徒にとっては）こうした条件のもとに金を貸すことは悪いことである。いかなる条件のもとで金の貸し付けがされるにしても、その結果、貸主が何か（その報酬を）得ることになるのであれば、すべて悪い行ないであるとみなされるのだ。さらに悪いことに、高利貸しは、まるでユダヤ人のような振る舞いである（と考えられている）。キリスト教徒は皆、最初はユダヤ教徒であった。キリスト教徒になった後でも、ユダヤ人がしたように今でも生活し続けているのだ。（中略）

キリスト教徒たちは、ユダヤ人を厄介者《やっかいもの》扱いすることにあまりに熱心なために、ユダヤ流のやり方を取り入れるべきだという意見に耳を傾けられずにいる。しかし実際は、このユダヤ流のやり方で、われわれはお金を稼いでいるのだ。確かに、より簡単で、昨今流行している金儲けのやり方は、ユダヤ人に稼げるだけ金を稼がせて、好きなだけ彼らから搾《しぼ》り取る、というものではあるが。

（前掲書から、筆者訳）

ベンサムは、重商主義政策（mercantilism マーカンティリズム、つまり植民地主義政策）によって成り立つ大英帝国の繁栄が、ユダヤ人流の商売取引の手法によってもたらされているという、イギリス経済の現実を見抜いていた。

イギリス国教会（Anglican アングリカン）のキリスト教徒であった大部分のイギリス国民

が、ユダヤ人を金に意地汚い民族だといって毛嫌いした。キリスト教徒は、高利貸しや、金儲け主義を悪い行ないであると決めつけた。それにもかかわらず、商取引がうまいユダヤ人たちを上手に利用して金儲けをやらせて、そこから上がる利益は、強制的に取り上げるということを、当時の英国貴族たちはやっていた。

このユダヤ人金融奴隷の習慣は、ローマ帝国に遡り、中世の絶対王政の時代にも受け継がれてきた。王室お抱《かか》えの「宮廷ユダヤ人（court Jews）」として搾取されてきた、その歴史の延長にある。ベンサムは、この差別の構造を、明確に描いてみせたのだ。

人間の幸福を測定する基準とは

ベンサムは、「マージナル・ユーティリティ（Marginal Utility 限界効用）」にも気付いていた。やはり経済学の入門の教科書に、必ず出てくる基本概念である。ここにも、彼が必要以上の「放蕩（prodigality）の取り締り」や「高利の禁止」を、成熟した人間の自由を冒瀆するものだと主張した根拠がある。つまり、放っておいても、人間は「効用・有効性の限界点」にいずれ達すると、それ以上の度を越した贅沢な消費や、貸し出すリスクに見合わない法外な高金利の設定をすることはないという、人間行動の法則性があるという発見である。

「資本以上の取引は起こりえない。あるいは、資本の量が、取引を制限する（“no more trade than capital”, or “capital limits trade”）」ということである。どれほど強欲《ごうよく》な商売をしようとしても、自分が元手とする資本の数量は限られている。他人や他国から借りてくるとしても、自分が手に入れる資本量の限界、最大でもこの地球上にある資本の限界が、生産や取引などの経済活動を、最後には大きく制限してしまうのだ、という単純な、しかし、画期的な経済学の原理であった。そしてここにも、高利を擁護する論拠があるのだ。

物事の善悪、適不適の判断を、他人や権力者や法律に押し付けられる筋合いはないという、当時はリベラル（liberal）でラディカル（radical）であった考えは、ベンサムの著述によって、学問的結晶を見たのである。

当時のロンドンの民衆の経済生活の中から、事例を取り上げて叙述した『高利貸し擁護論』は、個人の契約優先（国・宗教・自然の法はあと）というリベラル思想の先駆けである「法人定主義（legal positivism リーガル・ポジティヴィズム）」を、高利貸しの正当性という具体的経済活動を分析して、明示してみせたものであった。

だからこそ、ベンサムの、いまだにすべての解読が終わっていないという膨大な量の著作と、彼が構築した経済学、法律学の学問体系は、歴史的に大きな意味を持つ。

アダム・スミスにはじまる古典経済学派（classical economists）の重要な原理となる視点が、この『高利貸し擁護論（Defence of Usury）』の中にある。一方、マルクスが感情的にベンサムを批判しているという事実があるとしてもやはり、共産主義・社会主義のプロトタイプも、ベンサムが唱えた「パノプティコン（panopticon）」計画の中にある。

これは、彼がその晩年、積極的に具現化に努めた「勤労住宅（インダストリー・ハウス）」や、「パノプティコン・プリズン（円形監獄。囚人を低コストで効果的に監視できるよう設計されている）」などのモデルである。ベンサムは、当時のロンドンに溢れていた、ユダヤ移民などの貧民を合理的に管理するための、実践的な提案をしていたのだ（ポール・ジョンソン『近代の誕生 Ⅲ』共同通信社、183p）。

法律や契約を決めるのは人間である。国家や自然（宗教）から与えられ、強要される「自然法」などではない。「個人同士の自発的な約束事の取り決めである契約だけが、人間社会の基本ルールなのだ」という「法人定主義（legal positivism）」が、被差別民（ユダヤ人）の生存を保障し、合理的な資本主義経済活動を機能させる根本的なルールである。これが、ベンサムの主張した法思想であり、現在この立場を貫く学派の学者を「ベンサマイト(Benthamite)」と呼ぶ。

専制君主が人民を支配する基本は、「自然法(Natural Law)」や「王権神授(divine right)」などといった、神や自然からの授《さず》かりものを掲げて、曖昧で実体がなく漠然とした権威や恐怖を楯《たて》に、民衆を抑圧し管理することである。このことに、ベンサムは気づいていたのだ。

だからこそ、人種への偏見や、権威主義的な政府や法律からの干渉に妨《さまた》げられることなく、個々の人間の自由意志による契約に基づいて、高利貸し業をはじめ、あらゆることを商売にして生き延びてきたユダヤ人と、その生業《なりわい》を擁護したのだ。当時のロンドンでベンサムは、たくさんのユダヤ人を見ていた。この時代背景が、ベンサムの思想の根本にある。

「幸福」は、お金でしか表わせない

それではあらためて、「幸福」の価値とは何か。お金である。それ以外の「具体的で人類共通の」尺度はない。それは、お金がすべてとか、お金が良いか悪いかの価値判断を言っているのではない。それしかないのである。人間の幸せの大きな部分を、客観的に数値化して測定できる基準は、数値として科学的・学問的に明示され、人類によって共通して理解される市場における価値（＝価格）しかないのだ。

それ以外の、善悪の価値判断、道徳・倫理の判断基準は、客体化のしようがない。宗教によっても異なるし、国や文化でも、やっていいことと悪いことの取り決め、または、道徳的・倫理的な価値観は多様である。つまり、お金による判断が、もっとも便利で合理的なのだ。

大事なのは価値を客観的に測定する、合理的な計算（Rational Calculation）である。法律も、政治も、経済も、「神」ではなく「人間」の判断に任せろ、と言ったのがベンサムである。そしてそれを実践し、民族の歴史と文化の中に根付かせて民族の生き残りを図ったのが、ユダヤ人なのである。


政治や道徳・倫理を作り上げている（学問的、科学的な）真実とは、「発見」されるものではない。そうではなくて、数学のように厳密な調査研究と、厳格な比較作業の中から見出される、難解で膨大なものである。（中略）真実とは、つねづね扱いにくいものだと言われてきた。真実は我が道を行くものである。真実はばらばらにされ、概括的な定理に押し込まれることはない。分かったような解説や、例外案件であるなどとして、妨げられることもない。警句や風刺として要約されてしまうものでもない。激しい論陣を張って熱弁をふるう者たちの、その言葉とペンの力によって、跳《は》ね返ってくるものだ。感情的な土台の上に成り立つものではないのだ。「王道」や「総督（十五〜十八世紀オランダの、地主の代理土地管理人）の門」などという見せ掛けの権威など、法律を作るためには必要ないのだ。数学的、科学的な学問研究だけが重要である。

(Bentham, Jeremy, *The Principles of Morals and Legislation* から、筆者訳)

ベンサムは、貧困は近代資本主義がもたらす豊かさの一部であるということも確信していた。だからこそ、社会を営む人間に、こうしたユダヤ移民や囚人ら貧民を、科学的、合理的に取り扱うことに最大限の知恵を絞るべきであると、生涯、主張し続けたのだ（カール・ポラニー『大転換』東洋経済新報社、1975年、159p）。

人間は必ずしも完璧ではない。すべての判断は、「神」のせいにしてしまうほうが楽ではある。だから、法律は人間ではなく、神から与えられるものであるという「自然法

(Natural Law)」の思想が、今でもずっと残っているのだ。時々の環境や現状に合わせて、人間が考え話し合いながら法律を決めていくという「人定法（Positive Law)」学派との対立の歴史が続いているのである。

人類はこまごまとした間違いを繰り返すが、それは、大きな流れの中の小さな波しぶきみたいなものであって、結局は「合理的（Rational ラショナル)」な方向へ、すべては変動して収束していく。だから、資本主義がここまで発展して、経済や文明や科学も、いろいろな失敗もし、戦争や大恐慌があっても、結局ここまで、より合理的で洗練された文明や社会や生活レベルまで、発達することができた。そういうことである。だから、これは、大きな意味で、長い人間の歴史的規模での「合理的な判断（Rational Choice=Rational Calculation)」の結果であって、「神」さまがいちいち決めていることではない。

自由な人間によって成り立つ社会をつくりあげるには、ベンサムが言うように法律も、政府も、政策も、経済制度も、明確で、具体的で誰にでも、はっきりと分かりやすいものにする必要があるのだ。権威や権力のある政治家や裁判官や政策執行官・役人が、自分の自由裁量（discretion）の判断で、都合のいいように法律や制度を解釈されては、社会の一般市民には、自由などありえないのである。

日本や、各国の官僚組織による裁量行政も、同じことをしている。分かりづらい条項や条文法令などを社会のあちこちに張り巡らして、自分たちの都合のいいように解釈してみせて、そして、自由に「見せかけた」社会に住む、日本国民を騙すのだ。日本人は、「民主主義」という実体の伴なわないフィクション（fiction）の政治体制を、信じ込まされている民衆である。わけの分からない法律や観念や、政治思想を笠に着て、自分たちの権力、利権を保護することだけを考えて動き続ける。こういう社会に、真の自由はない。

ベンサムが、高利貸しを擁護する論陣を張って批判をしたユダヤ人の差別問題も、ユダヤ浮浪移民をはじめとする失業者や囚人を合理的に救済し、経済活動に参加させようとした「パノプティコン」のアイデアも、結局は、国家や政府ではなく、市民が自分たちの力で、こうした社会的問題を解決しようという現実的で合理的、かつ科学的な提言であった。だからこれは、思想というよりは、人間社会の真の自由を求めようとする政策提案である。だからベンサムは、“Political Activist”と呼ばれるのである。

〈参考文献〉

1・Bentham, Jeremy, *A Fragment on Government*, Cambridge University Press; Cambridge,1988
2・Bentham, Jeramy, *Defence of Usury*, Kissinger Publishing
3・Bentham, Jeremy, *The Principles of Morals and Legislation*, Prometheus Books, NY, 1988
4・Hart, H. L. A., *Essays on Bentham*, Oxford University Press Inc, New York, 1982
5・Manning, D.J., *The Mind of Jeremy Bentham*, Barnes & Noble, Inc.,1968
6・A・コーヘン／村岡崇光訳『タルムード入門ⅠⅡⅢ』教文館　１９９７年
7・ポール・ジョンソン／阿川尚之ほか訳『ユダヤ人の歴史』徳間書店　１９９９年
8・ポール・ジョンソン／別宮貞徳訳『近代の誕生Ⅲ』共同通信社　１９９５年
9・鈴木輝二『ユダヤ・エリート』中央公論新社　２００３年
10・副島隆彦『決然たる政治学への道』弓立社　２００２年
11・エドワード・チャンセラー／山岡洋一訳『バブルの歴史』日経ＢＰ社　２０００年
12・ピーター・バーンスタイン／青山護訳『リスク』日本経済新聞社　２００１年
13・カール・ポラニー／吉沢英成訳『大転換』東洋経済新報社　１９７５年
14・横山三四郎『ロスチャイルド家』講談社現代新書　１９９５年

9

ユダヤ商人と浪花《なにわ》の商人《あきんど》

庄司 誠

日本には、江戸時代から続く貨幣経済の確固とした伝統がある。それは欧米のそれに決して見劣りするものではなく、事実、大坂を中心とする商人《あきんど》たちの活躍は目ざましいものだった。そしてその精神は、いまなお引き継がれている。

だが、いま現在、日本の経済はユダヤ資本を中心とする国際化の中で苦境に喘《あえ》いでいる。いったい大坂商人とユダヤ商人の違いは、どこにあるのだろうか。

日本の商人と、ユダヤ商人の違い

1990年のバブル経済が崩壊してからというもの、デフレ・スパイラルで日本はまったく元気がない。出口の見えない不況で苦境に喘《あえ》いでいるだけの情けない状況がずっと続いている。若年層の失業者総数は実際は五〇〇万人いるともいわれているし、大企業の内部においても、リストラという名の解雇、馘首《くび》は止まるところを知らない。中高年の自殺者も多い。

私の住んでいる大阪の落ち込みなども、ひどいものだ。かつて全国各地の大名領国を束《たば》ねる役割を担《にな》い「天下の台所」と呼ばれていた頃の隆盛はどこにいったのか。今は見る影もない。

これから日本が元気になって活力を取り戻すためには、気迫や、あるいはカラ元気だけではダメだ。これから日本人は「レイシオの思想」を本気で学ぶべきなのだ。そうでないと、善良でお人好しの騙《だま》されたまんまの無学者として、私たちは今よりももっと貧乏になってゆく。

その「レイシオの思想」とは何かといえば、本書の編著者が序で述べているとおり、「お金の計画の思想」のことだ。

ユダヤ人と呼ばれる商業民こそが、この「レイシオの思想」を使いこなすことに、最も長《た》けている。レイシオ人間であることが、ユダヤ人の本質であると言ってもいいだろう。

証券や銀行などの金融業界における彼らのめざましい活躍はよく知られているが、もちろんそれだけではない。彼らは依然として、貴金属取引にもマスコミ産業にも強い影響力を持ち続けているし、学界においても、ノーベル賞受賞者のなんと20%までもがユダヤ人によって占められている。

これは、「レイシオの思想」に象徴される金銭の数字をなによりも尊重するという態度が、大きな枠組みの中の事実のみに基づいて真実を組み立てるという近代学問（モダン・サイエンス）の手法に沿ったものであるからだろう。大きな枠組み（構造）というものをフリー・マーケット・エコノミー（自由市場経済）圏とした場合、ファクツ（事実）とは、お金の数字そのものといえるからだ。

ヴェルナー・ゾンバルトの『ユダヤ人と経済生活』（荒地出版社）は、ユダヤ人たちがいかに「資本主義」に適合しているかを、詳細に説明し尽くした大著である。

マックス・ウェーバーは、近代資本主義成立の主要因を、プロテスタンティズムの禁欲的倫理（世俗内禁欲＝インナーヴェルト・アスケーゼ）に求めた。しかし、ゾンバルトに言わせれば、「ピューリタニズムはユダヤ教である（同書383ｐ）」。

プロテスタンティズム（ピューリタニズム）が、いかに近代資本主義の発展に関与していたかを、マックス・ウェーバーが力説しているが、実はその論理が、そっくりそのまま、ユダヤ教信徒たちがいかに資本主義に向いているかの説明になっていると、ゾンバルトは説いている。

同書において圧巻なのは、ユダヤ人たちが有価証券取引に取り組む際の敏腕ぶりを語る件《くだ》りであるが、ゾンバルトの論考によると、アジア・アフリカの植民地経営をも含んだ近代国民国家（ネイション・スティツ）の形成にも、ユダヤ人たちは深く関与している。人口比からみた場合、ユダヤ人たちは少数民族でしかないのだが、その割には、近現代の世界に及ぼしている彼らの影響力はあまりに大きい。ユダヤ人たちの活躍ぶりは私たちの想像以上なのである。

商業激戦区・大坂を制した近江《おうみ》商人

わが国にも、昔から商人たちはいたから、貨幣経済の運営に関しては、私たちはそれなりの古い歴史と伝統を持っている。たとえば、三菱、三井、住友をはじめ、伊藤忠・丸紅など現代の日本を代表する巨大商社はルーツを辿《たど》ると、ほとんどが阿波《あわ》や伊勢《いせ》、あるいは近江《おうみ》の商人たちである。つまり、こうした大会社の経営者たちは、少なくとも江戸時代から培《つちか》ってきたぶ厚い実績の上に、現在もなお、会社組織を存続させているわけである。

しかし、中世ヨーロッパ各国の王侯貴族の金庫番として財務経理を把握し、租税徴収人としても生き抜いてきた宮廷ユダヤ人たちのような存在を、私たち日本人は、ひとつの社会勢力として抱《かか》えていない。各国各地で差別と迫害を受けながらも、それでも自らの信仰を失わず、利子を取り立てながら金融業を営み、権力の中枢の奥深くまで喰い込んだ商業民など、日本の歴史にはいないのである。

たとえば、「浪花《なにわ》の商人《あきんど》」と呼ばれる日本を代表する最も有名な大坂商人がいる。江戸時代の経済発展は彼らの手によって成《な》されたものであるが、大坂商人とは、簡単にいえば、次のような人たちだ。

かれら（大坂商人）は裸一貫で大坂に来て、誰にもたよらず、自己の才覚と努力で豪商にのし上がった。大坂商人は、組織にたよらず、今日でいう「ベンチャー企業」のような柔軟な経営方法を用い、中小企業的な発想によって商売を営んだ。

それに対して江戸の豪商は、幕府や諸藩の御用《ごよう》商人となり、権力と結びつくことによって、労せずに商売を営んだ。たとえば、元禄期（一六八八－一七〇三）の江戸を代表する豪商、紀伊國屋文左衛門《きのくにやぶんざえもん》と奈良屋茂左衛門《ならやもざえもん》は、大名屋敷の建築用の木材を一手に扱う御用商人としてのし上がった。しかし大名家との仲がうまくいかなくなると、すみやかに没落した（紀伊国屋がミカン船で儲けたという話は単なる伝説である）。

（中略）

江戸時代後期になると、大坂では多くの小規模の商家が存在し、たがいに競いあう形がつくられていった。これは、中小企業の町といわれる今日の大阪市のありかたにつながるものだといえる。

江戸時代を通じて、大坂で一部の豪商が財力をもっていたが、中小の商家がかれらにへつらって生きていたわけではない。大坂の豪商は、堺《さかい》の会合衆《えごうしゅう》（都市の自治組織を指導した特権的な商人層）のような形で大坂を支配できなかった。

元禄期のころの大坂の人びとは、豪商は江戸幕府成立後の成り上がりであることを知りつくしていた。そこで、多くの大坂人が豪商にへつらって安定を得るより、独立して自分の才覚によって豪商に成り上がるみちをとった。
(武光誠著『大坂商人』ちくま新書、7-9pより)

江戸幕府は大坂を直轄地である天領とし、特別経済特区としていた。大坂の町人たちは川や堀を掘削して大坂中に水路を張り巡らし、そこに橋を架けた。俗にいう「八百八橋」である。流通都市、「水の都」大坂はこのようにしてできた。

沸《わ》き上がるように発展する大坂には、全国各地から一花《ひとはな》咲かせようと目論《もくろ》むさまざまな商人たちが集まってきた。近世からの大坂商人は、堺や伏見《ふしみ》に始まり、阿波や伊勢、近江から来た人たちである。そして、商都大坂を最後に制したのは近江商人たちだ。たとえば大阪の人間はよく、がめつい、ケチだ、えげつないといわれるが、これは近江商人の性格なのである。

伊藤忠商事・丸紅の創始者である二代目伊藤 忠兵衛《いとうちゅうべえ》(1886―1973年)は、繊維の卸売問屋を近代型の商社に改革させて成功した代表的な大阪の近江商人である。伊藤の経営のモットーは「積極、機敏、合理」であり、事業の多角化と拡大を得意としていた。

二代目伊藤忠兵衛だけでなく、総じて近江商人は広域志向型であり、合理的な思考に長《た》

商都・大坂の繁栄

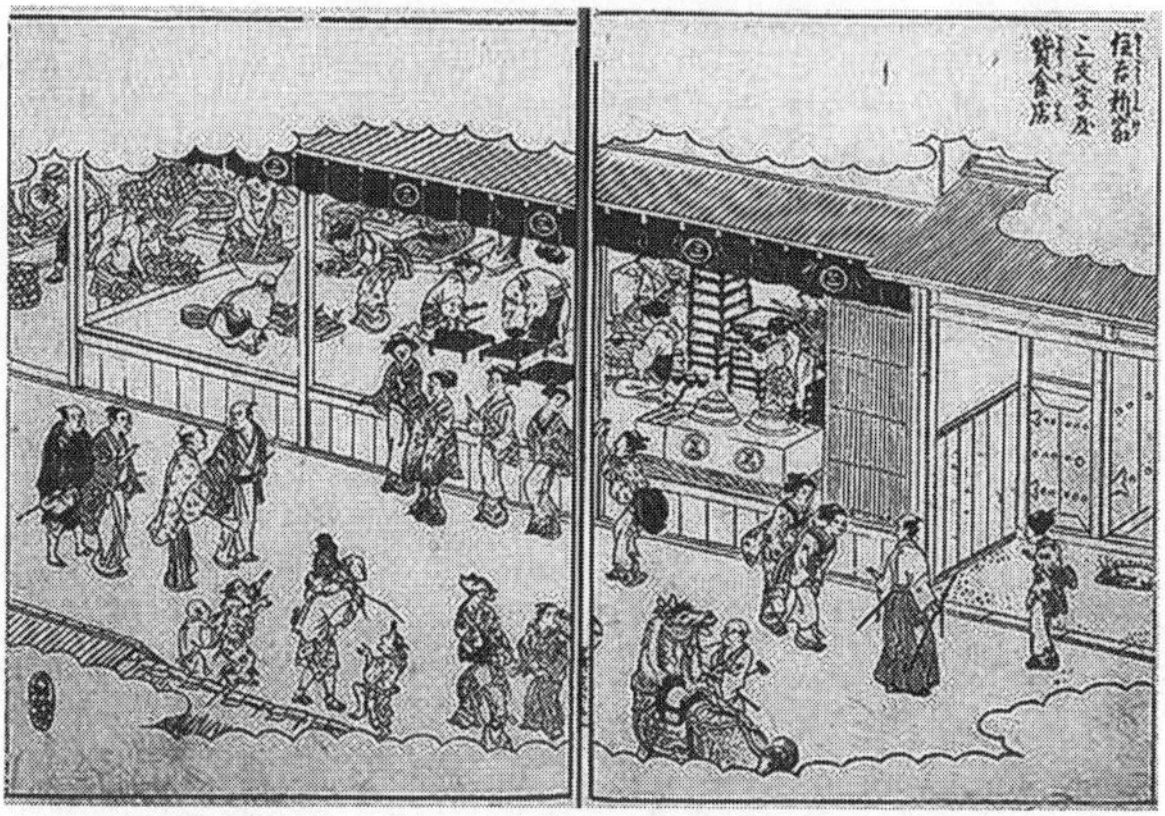

江戸時代の大坂は、組織にも誰にも頼らず、自分の才覚ひとつでのしあがろうとする商人が全国から集まり、目覚ましい発展を遂げた。上図は「摂津名所図会」から、賑わう商家の様子を描いたもの。（大阪大学附属図書館蔵）

けていた。末永國紀《すえながくにとし》著『近江商人』（中公新書）によると、近江商人の帳合《ちょうあい》（簿記実務のこと）は、主に複式簿記法であったというのだから驚く。また、彼らは進取の精神に富んでいたから、戦前の三中井《みなかい》呉服店のように、朝鮮半島や中国大陸に百貨店を一〇店舗以上開いたようなところもあれば、大正期から北米大陸に新事業を開きに出かけていた冒険的な近江商人たちもたくさんいたらしい。

商都・大坂が生み出した多士済々《たしせいせい》

商都・大坂はこのように絶えず外部からエネルギーとガッツに溢《あふ》れた商人を受け入れることによって発展してきたのである。都市とは、多種多様な人やモノが絶えず往《い》き来《き》する場であるという。その意味においては、大坂はまさしく封建社会の中に生まれた都市であった。

大坂の町人たちは、だから、身分や家柄よりも金銭を重視した。建前よりも本音を大切にした。そうでなければやっていけなかったからである。

善悪や美醜を超えて、人間の本質に迫ろうという動きもここで生まれる。町人学問所として有名な大坂の懐徳堂《かいとくどう》が設立されたのもこの流れだし（1724年）、井原西鶴《いはらさいかく》（164

い文学者が誕生したのもそのためだ。

2—93年）や近松門左衛門《ちかまつもんざえもん》（1653—1724年）のような既成の道徳にとらわれない文学者が誕生したのもそのためだ。

懐徳堂の富永仲基《とみながなかもと》（1715—46年）は、浪花の商人《あきんど》がそのまま学者になったような人物だが、きわめて抽象度の高い思考を張り巡らせている。富永の主著の『出定後語《しゅつじょうごご》』は、仏教経典の成立年代をきめ細かく合理的に整理したものである。

山片蟠桃《やまがたばんとう》（1748—1821年）も、懐徳堂を代表する有名人のひとりだ。彼は丁稚《でっち》として奉公していた豪商・升屋《ますや》の経営を安定させただけでなく、仙台藩や豊後《ぶんご》の岡《おか》藩の財政を立て直したことでも知られている。彼は商人として優れていただけではなく学問においても、天文学や地理歴史、経済や哲学思想などジャンルを問わずさまざまな分野から学び、大著『夢《ゆめ》の代《しろ》』を著《あらわ》した。その内容は、自由経済を主張し、地動説を説き、適者生存の見方をとり、日本建国の神話を疑ったものである。

井原西鶴は、色や欲に振り回される人間を、哀切、かつ滑稽《こっけい》に描いた『好色一代男』『好色五人女』などの、いわゆる好色物だけを書いたのではない。『日本永代蔵《にっぽんえいたいぐら》』は、当時の大ベストセラーだが、要は、これは金持ちになるためのハウツー本である。金銀のありがたさと、知恵を絞って勤勉に働くことの重要性を説いた。

メイン・カルチュアがあるか否《いな》か

こうして考えてみた場合、大坂商人とユダヤ商人とは、やはり違うのである。浪花の商人《あきんど》つまり大坂商人は、卑《いや》しい町人たちだと武家から蔑《さげす》まれたことだろう。庶民の窮状をよそに豪遊していた家は、打ち壊しや、一揆《いっき》の際に取り潰される目に遭ったし、海外渡航や貿易を企てた場合は、幕府から処刑されたりもした（実際には密輸入はかなり頻繁に行なわれていたらしい）。

しかし、ユダヤ人のように差別と迫害を受け、離散と集合を繰り返しながらもしぶとく生き抜いてきた、そのような過酷な歴史を、大坂商人は持っていない。

日本人である大坂商人とユダヤ商人の違いにおいて、決定的に重要なのは、やはり大坂商人たちは、ユダヤ人たちのように一冊の本や共通の教えで結ばれてはいなかったということである。酒造業を起こして大成した鴻池《こうのいけ》家の家訓に『子孫制詞条目《しそんせいしじょうもく》』というのがある。そのような家訓なら、たしかにたくさんある。しかし私たち日本人には今なお、ユダヤ人におけるトーラーのような共通のバイブル（聖典）は、やはりないのである。

日本人は八百万《やおよろず》の神々とともに生きているのであって、創造主（ヤーヴェ＝エホバ）と契約を交《か》わして生きているのではない。日本人には、ユダヤ人（＝ユダヤ教徒）やキリスト教徒、あるいはイスラム教徒たちと違って、メイン・カルチュアがない。いわゆる唯一絶対神信仰の伝統がないのだ。日本人は、儒学も仏教思想も、すべて自分たちに都合のいいように換骨奪胎《かんこつだったい》して、受容してきたのである。

それに対して、近代資本主義が、聖典をテキストとして読み解く伝統を持つ、「メイン・カルチュア」を有する人たちの手によって成し遂げられたことは疑いない。

山本七平《やまもとしちへい》氏の説く「日本資本主義の精神」

『日本人とユダヤ人』をイザヤ・ベンダサン名義で著したことで知られる山本七平《やまもとしちへい》氏には、『勤勉の哲学』（ＰＨＰ研究所）という書がある。これは、日本人がなぜ世界中で「エコノミック・アニマル」と称されるまでに一生懸命働いているのか、その解明を試みたものであり、江戸時代の町人学者である石田梅岩《いしだばいがん》（１６８５―１７４４年）の石門心学《せきもんしんがく》や、世俗の職業に励むことはそのまま仏道修行になると説いた鈴木正三《すずきしょうさん》（１５７９―１６５５年）の禅の思想にまで溯《さかのぼ》り、そこに「日本資本主義」の源流を見出そうとした意欲作である。

私は、日本人が勤勉で真面目であることは素晴らしいことだと思っている。仕事に一生懸命に取り組む日本人の姿勢が、我が国の経済的発展に大きく貢献してきたこと、あるいは現在も貢献していることに異議を唱えるつもりは毛頭ない。

また、洋の東西を問わず、経済を支えるいわゆる実業界には、特定の宗教に対して信心深い敬虔な人たちも確かに多い。たとえば、三井財閥の立役者、澁澤栄一《しぶさわえいいち》（1840―1931年）などは『論語』に深く学び、それについての講義や講演を数多く行なってきたが、日本の資本主義のバックボーンを『論語』に求めたその慧眼《けいがん》は、やはり優れたものだったと私は思う。

しかし、山本七平氏の「日本資本主義の精神」に対する見解には、私は今は相当の違和感を持っている。いくら大衆教説用に卑俗化された思想とはいえ、梅岩や正三の説く立派な教説が「日本資本主義の精神」なるものの中核を成しているものだとは、どうも私には考えられない。

実際のところは、金《かね》を持って裕福になった商人たちが、自らの生活の余裕ができたあとに、学問をしたり神仏を拝んだりしただけのことであって、それが成熟し洗練され、後に町人文化と呼ばれるものになっただけの話ではないのか。

金儲けというのは、金儲けのことばかり考えているようなレイシオ人間だからこそできるのだ。真面目に働いているだけで金持ちになれるわけがない。

日本人の労働は、はたして仏行《ぶつぎょう》か

山本七平氏は『勤勉の哲学』の序文において、次のように語っている。

勤倹貯蓄、これは実に長い間の日本人の徳目であり、これを行うことが美徳とされてきた。美徳とされてきたということはそれがひとつの独立した価値、いわば宗教的ともいえる価値をもっているからであり、それが価値をもちうることはひとつの思想の帰結だからである。

（『勤勉の哲学』PHP文庫、3p）

そうはいっても、山本氏は同書において、江戸時代の町人や百姓たちがいかに勤倹貯蓄に努めたのかを、きちんと具体例や数字として明示していない。これでは日本の一般民衆が、江戸期より勤勉であったことの証明になっていない。実際には、一口に町人や百姓といっても、真面目に働かず、貧乏であっても怠けてブラブラしている人もかなり多かったのではないか。

商人倫理の確立を説いた石門心学は、たしかに大坂の懐徳堂とともに、ひろく大坂や京都の庶民たちの支持を集めたが、それでも幕末には衰微した。明治期以降の財界人、あるいは企業経営者たちには、ほとんど影響を与えていないのである。

それは鈴木正三の禅思想においても言えることだ。ひたすら世俗の労働に励むことによって救済の確信を得ることができ、成仏《じょうぶつ》できるのだと鈴木正三は説くが、今の私たち日本のサラリーマンが心身ともに潰れそうになるまで働いているのは、内心の救済や成仏(真理を摑《つか》むこと)を求めてのことではない。もっと切実かつ卑俗なもののためである。たとえば住宅ローンの返済のためとか、子供の教育費をなんとか捻出するためとか、だ。

それに世俗の労働に励むことが、わずかでも救済の確信に繫《つな》がっているというのなら、そんな鈴木正三の説いたことが本当に私たち日本人の心の片隅にでも根付いているというのならば、通勤電車に揺られて帰宅する勤労者の男女の顔は、法悦《ほうえつ》に満ちていなければおかしい。ところが実際はどうだ。もはや言うまでもあるまい。

やはり、日本は叙情文学と俳句が今も生きている国だ。今風にいえば、マンガとアニメとお笑いと芸能ニュースの、サブ・カルチュアの国なのである。

ハングリー勤勉ということ

社会学者の小室直樹《こむろなおき》氏は山本七平氏の「日本資本主義」の研究を、高く評価した一人である。その小室氏は自著『韓国の悲劇』（光文社）において、韓国経済を分析した際に、韓国人の勤勉さを、ハングリースポーツならぬ「ハングリー勤勉」と名付けた。

小室氏が同書で説くところをまとめると、こういうことだ。

　日本でも欧米でも労働を一種の宗教的儀礼とみなし、これを自己目的化する「世俗内禁欲」のエトスが生きているが、韓国にはそんなものはない。韓国の労働者には、両班《ヤンバン》という特権貴族階級のもつ、儒教の古典をゆっくり読みながら「働かずして食う」という生活が理想であるという考えが根強いのだ。だから、どうしても、労働を必要悪として嫌う傾向がある。韓国の労働者たちがいまガムシャラに働いているのは、戦前に日帝に奴隷労働で搾取され、「解放」後は経済はさらに悪化して塗炭《とたん》の苦しみを味わい、朝鮮戦争でも生活を滅茶苦茶にされたからだ。それでどうしても韓国国民は飢餓感がまとわりついていて、それが記憶から離れないから必死になって働いているのだ。

（同書246—248ｐから筆者要約）

私は日本人の勤勉さも、やはり一種の「ハングリー勤勉」ではないかと思う。私たち日本人が一生懸命働いている動機は、韓国人のそれと、そう大差はない。

日本は天然資源に恵まれないから、原材料を外国から輸入してそれに高度の技術で付加価値をつけ、それを商品化して輸出する、いわゆる加工貿易のやり方でしか、豊かな生活を送ることができない。

知恵を絞って勤勉に働き、信用を得ていくこと。取引先の現地外国人たちとも喧嘩など起こさず、なるべく仲良くして商売を繁盛させていくこと。こういうことでしか日本人は生き残っていけないのである。だから日本の勤労者は必死に働いているのだ。自分たちが享受している豊かさを維持するために、あるいは取り戻すために。

私たち日本人は、ユダヤ人やあるいはヨーロッパ人たちと背負ってきた歴史があまりにも違う。金儲けを信仰の骨がらみで肯定するようなすさまじさを、私たちは秘めていないのである。

江戸の火事は、確実な景気刺激策だった

　だから今もって日本は欧米流の近代資本主義の国ではない。とはいっても、日本にはやはり独自の貨幣経済を発展させてきた歴史があることは間違いないのだ。それは、先に浪花の商人《あきんど》について述べたとおりである。

　ここで私は、ヨーロッパ型の貨幣経済（近代資本主義）と、日本の江戸期の貨幣経済の似ている部分を二点だけ、「熱い社会」というキーワードを軸に指摘したい。

　ひとつは、どちらの貨幣経済も、絶えず創造と破壊を繰り返してきたのだということ。

　もうひとつは、どちらの貨幣経済も、自由恋愛を肯定することによって高尚で繊細な文化をつくりあげたということである。

　フランスの構造主義では近代資本主義社会のことを「熱い社会」と呼ぶ。これはブラウン運動などの、火であぶられた試験管やフラスコの中を液体が沸騰し、分子が動き回る様子を指してのものだろう。

　たしかにお金中心の貨幣経済の渦中に生きる人間は、激しく動き回る分子のように見えるし、人類がこの先、近代資本主義に代わる大きな思想を生み出せないのならば、フラスコ内の分子たちである人類は、狂ったようにあちこちにぶつかりながら熱死するしかない

ように思える。

アメリカは先のイラク戦争で、兵器や輸送機器を大量に消費させることで大不況の危機を一時的にではあるが回避し、アメリカ国内の経済をかろうじてうまく動かすことに成功している。同じことは、実は、江戸の庶民たちもやっていた。もちろん覇権国アメリカ型の戦争経済（ウォー・エコノミー）ではないが、彼らは町に火を放ち、人為的に火災を起こしていたのだ。

火災が頻発すれば都市は衰退するはずなのだが、火災のたびに江戸は発展し、ついに百万都市にまでなった。それは火事が直接に確実に景気刺激に結びついたからだ。火事はあらゆる有効需要を発生させた。江戸の庶民で宵越《よいご》しの銭を持たないような下層の人々は、特に火事で潤《うるお》った。

これは江戸だけの話ではない。天保《てんぽう》の大飢饉に苦しんでいた大坂で、天保八年（1837年）に大塩平八郎《おおしおへいはちろう》の乱があったが、乱の鎮圧後、大坂の庶民は彼を「大塩様」といってあがめた。これは大塩の起こした乱によって大坂市街の約五分の一が焼失したため、にわかに復興景気が到来したからだといわれている。

このあたりの事情は、鈴木浩三著『資本主義は江戸で生まれた』（日経ビジネス人文庫）

の【第5章・世界最大の都市「エド」】に詳しい。

恋愛と贅沢と資本主義

このように見れば、戦争や火災をつくることによって円滑に進む社会システムはまさに「熱い社会」であるが、このような貨幣経済のあり方は、やがて自らの欲望を認め、自由恋愛を肯定させる動きにも繋《つな》がる。身分制度や社会秩序を打破し、それらを燃え上がらせるような恋愛が、お金を媒介にして氾濫することになるのだ。自我というものもこの場面において目覚める。

江戸時代の日本人の恋愛事情を描いた田中優子著『江戸の恋──「粋《いき》」と「艶気《うわき》」に生きる』（集英社新書）などを読むと、あまりにも江戸の庶民があけっぴろげに性を謳歌しているのに驚く。私が驚いたのは単に肉体的に好色ということだけではない。自分の生きている人生を、性や恋愛を通じて十分に楽しもうという江戸庶民たちの生活態度そのものにだ。それで江戸期の文化というものは、主に遊郭《ゆうかく》から生まれたらしい。

ゾンバルトは『恋愛と贅沢と資本主義』（金森誠也訳、講談社学術文庫）において「非合法的恋愛の合法的な子供である奢侈《しゃし》は、資本主義を生み落とした」（同書346ｐ）と断じている。個人の贅沢は悪かもしれないが、それは社会全体を富ませることになるのだ、ということだろう。

　同書においてゾンバルトは、高等娼婦たちがヨーロッパ中世の宮廷に浸透し、王侯貴族や文人たちと贅沢三昧《ぜいたくざんまい》の生活を繰り広げることによって、商業や手工業がいかに発展して庶民階層の生活が潤っていったかを詳細に論じた。それで私が同書を読んで特に感心したのは、ヨーロッパの上流階級の生活慣習を規定したのは宮廷社会であり、特に王侯の位の高い愛人たちが、それに大きな影響力を持っていたことを指摘した箇所である。


　上流婦人も、明らかに娼婦たちに刺激されて体を洗うようになった。マリュウ・ド・ロミユは『娘のための教則本』（十六世紀のもの）の中で、女性たるものは、自分のためにも、または夫のためにも体を清潔にしておくようさとした。

　十七世紀および十八世紀から、社交婦人が権力をほしいままに発揮するようになった「サロン」も、実はといえば、まずイタリアで、名高い娼婦たちも参加した機知あふるる人々の会合の続編であったにすぎない。

　だが、（この関連において、われわれにとって）最も重要なことは、娼婦たちの生活方式が、外面的には社交界（当時は上流社会のすべての婦人）の生活のあり方の模範になったということだ。

（『恋愛と贅沢と資本主義』122p）

高等娼婦がヨーロッパ上流社会の文化を担ってきたというのは、実に興味深い指摘だ。しかし、ここでやはり一言《ひとこと》書いておかねばならないのは、先に書いたヨーロッパ王侯貴族やその愛人たちの恋愛がらみの贅沢、奢侈は、宮廷ユダヤ人たちの手によって演出されたということである。

ゾンバルトによると、ユダヤ人たち自身は性に厳格であり、貞淑であったらしいのだが、それでも彼らはお金の集まる場所には必ずベターッと貼り付いている。恐ろしいものだと思う。昔からユダヤ人たちは、戦争でも女体でも、なんでもお金に換算して儲けてきた人たちなのである。

欧米人やユダヤ人と対等に渡り合うために

では、最後にまとめとして、私が言いたかったことを、もう一度ここに整理しておく。

日本の代表的な商人である浪花の商人《あきんど》たちと、ユダヤ商人たちを比べてみた場合、確かに似ているところはたくさんある。たとえば、近江商人などはユダヤ商人にそっくりだ。どちらも勤勉で倹約家で、数字に強く、多角化経営を得意とする。各地の住民たちと共生するが、決して自らのアイデンティティを見失わない。

また、貨幣経済の発達した「熱い社会」をつくりあげて、「この世は色と銭《ぜに》だけだ」とつぶやきながらも、それでも世界を見きわめようと学問に励んだりもする。自分の人生を楽しもうとするが、それでもやはり苦悩に喘《あえ》いでいる。そういう人間臭さもそっくりだ。

しかし、ユダヤの金融財閥の力はあまりに大きい。私たち日本人は、日本のよい生活文化を守るために、彼らに対抗しなければならない。だから日本人として団結しなければならないのである。

浪花の商人《あきんど》たちから、私たちは、自分の才能を磨き、知恵を出し、アイデアを大切にして勤勉に働くことの大切さを学ぶべきだ。大阪の人たちは普段はケチケチしているが、それでもお金を使うときは気持ちよく、出し惜しみせずに思い切りよく使う。倹約の重要性や投資の大切さをよく知っているからだ。これは浪花の商人《あきんど》たちが江戸時代より培《つちか》ってきた素晴らしい伝統である。こういうプラグマティックな精神はこれからも大事にしていきたい。

しかし、それだけでは足りない。あともう一つ、どうしても「レイシオの思想」が必要である。これがなければ、私たちは、欧米人やユダヤ人と対等に渡り合えない。「レイシオの思想」という銭《ぜに》勘定の場面でだけ、私たちは彼らと議論の場を共有できるからである。それは、金融ユダヤ人たちの手の内を知るということでもある。

「正統なる支配（＝メイン・カルチュア）」を有していない私たちは、「レイシオの思想」を学ぶことからすべてを始めるべきなのだ。

10　アメリカ映画にみるユダヤ人の強《したた》かさ

首藤良尚《すどうよしなお》

映画は、その背景となる国の政治思想から時代状況、民族の特性、文化の度合いなどを映し出す鏡である。アメリカ映画も例外ではない。ユダヤ人を考えるにあたっても、この民族がアメリカ社会で生き延びてきたさまざまな実相を理解するのに、映画以上のテキストはないといっていいほどだ。本稿では、三本の名作映画を基に、「アメリカ社会におけるユダヤ人」の論考を試みることにしよう。

近代資本主義の体現者

日本人である私たちがユダヤ人に何か学ぶことがあるとすれば、宗教や学問に関する天才としか言いようのない業績、または合理性（レイシオ）を基盤とした、金融・資本主義に対する素晴らしい適応性、などだろう。

資本主義という、それ以前の経済体制とは段違いに多大な富を生み出すことを可能にしたシステムによって、現代の西側諸国は存続している。その中でも水を得た魚のように存分に力を発揮して、上手に世を渡っているように見えるのは、やはりユダヤ人たちだ。

現在の国際社会は、関岡英之《せきおかひでゆき》氏の『拒否できない日本』（文春新書）でも危惧されているように、資本主義システムへの参加能力、運営能力のあるなしによって国家の明暗が分かれてしまう。日本は、かろうじて資本主義への参加能力は持っているにしても、厳密には、いまだ近代資本主義社会の体《てい》をなしてはいない。

だからリップルウッドによる長銀買収に見られるように、ユダヤ系金融資本の激しい攻勢の前になす術《すべ》もなくやられてしまうし、それを報じた「週刊ポスト」の記事がサイモン・ヴィーゼンタール・センター（ＳＷＣ）のようなユダヤのプロパガンダ機関に弾圧されると、あっさり膝を屈してしまう。大切なのは相手の正体をよく見て、その手口を研究することである。資本主義の裏側には、間違いなくユダヤ人の存在がある。

フィンランド生まれのアメリカ・ユダヤ人マックス・ディモントは『ユダヤ人　神と歴史のはざまで』（藤本和子訳、朝日選書）の中で、1600年代に続いた三〇年戦争の廃墟の中から新しい経済階級が勃興し、その彼らによって新しい経済秩序が構築され、この時期に資本主義が発生したとして、以下のような問いを発している。


宗教の改革運動がいかにして社会革命へと変化したのか？

マックス・ヴェーバーのいうように、プロテスタンティズムが資本主義を生んだのか？

それとも、弁証法的唯物論者が主張するように、資本主義によってプロテスタンティズムが生み出されたのか？

ヴェルナー・ゾムバルトの意見のように、ユダヤ人が資本主義をつくり出したのか？

それとも、よく大学の教科書などにあるように、資本主義は突如あらわれたものなのか？

それとも、資本主義の形成には、あらゆる人間が少しずつ手を貸したのだろうか？
（同書下巻66p）

ディモント自身は前掲書の中で、自分なりの判断をハッキリ書いてはいない。しかし「プロテスタント改革に引き続いて起こった新しい資本主義は、すぐに受け入れられる生活様式ではなかった」と解説したうえで、発生当初、激越な非難を受け続けた資本主義の運営の部分を、どの国家も、主にユダヤ人に任せることで何とか解決していったことを指摘している。その傍証としてヴェルナー・ゾンバルトの『ユダヤ人と近代資本主義』から、特に以下の文章を引用していることは興味深い。

この問題を考えるときに、われわれの頭に浮ぶ政治家には、ユダヤ人はひとりも含まれていない。シャルル五世、ルイ十一世、リシュリュー、マザラン、コルベール、クロムウェル、プロシャのフリードリヒ＝ヴィルヘルム、フリードリヒ大王……ここにはユダヤ人は含まれていない。

しかしながら、これら近代国家の政治家や統治者のことを語るとき、ユダヤ人のことを必然的に考えずにはいられない。
ユダヤ人と統治者は手を取りあって、歴史家たちが近代と呼ぶ時代を進んだのである。

彼らの関心は一致し、共鳴し合ったのだ。ユダヤ人は近代資本主義の体現者であり、統治者はこの力と結んで、自らの立場を確立、もしくは維持したのであった。だから、わたしが近代国家の建設においてユダヤ人が果たした役割について言及するとき、わたしは組織者としてのユダヤ人の直接的影響をいっているのではなく、むしろその過程における彼らの間接的な協力のことをいっているのである。

わたしは、ユダヤ人が、抬頭してくる国家に対して、その国家の維持と発展に必要な物質的手段を与えたこと、ユダヤ人がそれぞれの国における軍隊を支えていたことを念頭においているのだ。新しい国家の基礎は軍隊という砦《とりで》にあったのである。

(『ユダヤ人と近代資本主義』、The Jews and Modern Capitalism. pp 49–50, 訳文の引用は前出『ユダヤ人　神と歴史のはざまで』68pより)

歴史的真実がいずれであるにせよ、否応《いやおう》なく資本主義に付き合わざるを得ないこの社会を生き抜いていくうえで、「近代資本主義の体現者」とまで称されるユダヤ人に学ぶことは多いだろう。

だが、一口にユダヤ人といっても、ユダヤ人同士の間にも派閥があり、内部でも聖書の時代から争いが繰り返されていて、「地球上のすべてのユダヤ人の世界的団結」などはあり得ない。『刑事エデン／追跡者』という映画でも、多岐にわたるユダヤ教派のうちの〝ハシド派〟という最も戒律の厳しい一派の生活が描かれている。そのうえ、キリスト教に改宗したユダヤ人や、自分がユダヤであるという出自を隠したユダヤ人、人種的にまったく違うセファルディ系統やアシュケナージ系統の違いなどもあって、ユダヤ人を一概に論じることは難しい。

しかしその根本には、ユダヤ人を「ユダヤ人」としてひとくくりに論じることが可能なほどの、他の民族に比較しても類を見ないユニーク（独自）な、あくの強い民族的性格を有していることも事実である。

この稿では、主にそのようなユダヤ人に特有といっていい性格や行動の典型のいくつかを、何本かの映画を題材にして、抜き出してみようと思う。

アメリカ移民にとっての映画の役割

映画は、私たち日本人が外国人や外国の事情を理解するのに大変適したツールだ。

特にアメリカの映画産業は、元々、アメリカに日々続々と流れ込む膨大な数の移民に向けてつくられ、発展していったという歴史がある。

『アメリカ・ユダヤ人の経済力』（佐藤唯行著、PHP新書）によれば、1890年〜1920年までのアメリカ映画産業の草創期の中で、映画が、新しい移民の心を摑《つか》んでいった背景は三つある。

一つには「言葉が判らなくても楽しめる、無声映画であったこと」。

二つ目に「移民集住地区の近くに活動小屋が作られた、その地理的な近さと、他のエンターテイメントに比べると大変な低料金」。

三つ目に「家族総出で普段着姿で来ることのできる、気取らぬくつろいだ雰囲気」、といった理由だ。

アメリカ共通の言葉も慣習もまだ知らない移民たちにとって、新世界への対応を学んでゆくのに、映画は大きな助けになっていた。

映画は、その最も初期の作品でさえ、WASP系の人々がとらえていたような、単なる娯楽、気晴らしに留まるものばかりではなかったのだ。

彼らが単なる娯楽のつもりで撮った作品の中にさえも、作者の意図とは無関係に、アメリカ社会の現実を反映したさまざまな主題《テーマ》、光景《シーン》が、ごく自然な形で登場していたからだ。

そうした初期の映画は、移民たちがこれから「アメリカ人」となっていくために必要なアメリカ社会の約束事、習慣、マナー、価値観を映像を通じて伝授するための、すぐれた社会教育の手段として機能していたのだ。

言葉を換えれば、移民たちが「アメリカ人」として自らの文化的アイデンティティーを形成していくための啓蒙手段でもあったのだ。


（『アメリカ・ユダヤ人の経済力』76p）


移民にとってさえ日々の生活の教科書になるのだから、まして外国にいる人間にとっては、いっそうよい教材になるだろう。

映画を、エンターテイメントとしてだけでなく、世界政治の勉強として観るこの方法論

（メソドロジー）は、副島隆彦氏の『アメリカの秘密　ハリウッドで政治映画を読む』（メディアワークス）等の著作でも紹介されている。

◆『ベン・ハー』――帝国の文明に溶け込むことを拒否した、独立不羈《ふき》のユダヤ人像

ベン・ハー（Ben-Hur／1959年／アメリカ／212分／主演：チャールトン・ヘストン）という題名の「ベン」は「～の息子」という意味である。このタイトルは「ビン・ラディン」とか「ヴァン・ゴッホ」というような、姓を表わしているのであって、主人公のフルネームは「ユダ・ベン・ハー」である。

この映画は一般に、親友に対する復讐とキリストによる救済の物語、あるいはもう少し映画に詳しい人ならホモセクシュアルの話として知られている。というのも、スパイをやることを承諾しなかったから、という理由だけでメッサラがそれまでの関係を一転させて、親友のユダを家族ごと社会的に抹殺してしまうのはおかしいのではないか、との疑問の声が上がった。それに対して監督ウィリアム・ワイラーは「メッサラはホモセクシュアルな関係としてユダを求めたが、ユダが応えなかったために逆上したのだ」という説明を

ベン・ハーと、その親友メッサラ

Photo 12／APL

かつては親友だった二人は、なぜ戦わねばならなかったのか。「ユダヤ」を座標軸に据えると、また新しい見方ができる。写真はあまりに有名な戦車競走の場面。

したとも伝えられるからだ。

何でもコンピュータ・グラフィックスで描いて済ませてしまう現代ではもう望めないであろう、ど迫力の戦車競走のシーンで有名な映画だが、私は一方で「ローマ帝国に都合のよいように洗脳された男と、されなかった主人公（＝ナショナル・ヒーロー）」の話でもあることに気が付いた。

ベン・ハーの親友メッサラは、イスラエル（ユダヤ王国）に生まれ育ち、原作の長編小説『ベン・ハー　キリストの物語』（ルー・ウォレス著、松柏社）では「そのまま育てばユダヤ教に改宗さえしたかもわからない」と言われたほどの親ユダヤのローマ人だった。決してユダヤの教えも人も莫迦《ばか》にしなかった少年であったが、十四歳から十九歳の間にローマに帰省して、ローマで教育を受けて再びイスラエルに帰ってきたときには、すっかりローマ統治の心酔者になり、ユダヤの文物を蔑《さげす》むようになっていた。

メッサラは反ローマ・ユダヤ独立の動きを押さえ込むためにベン・ハーに探らせようとするが、ベン・ハーがこれを拒否すると、彼を罠《わな》にはめて奴隷の身分に落とし、ガレー船の漕《こ》ぎ手にしてしまう。ベン・ハーの母と妹は、ハンセン病になるまで地下牢に閉じこめられ、家の財産はすべて没収されてしまった。

その後奴隷の身から復活して、ローマの暮らしをたっぷり味わい、ローマ貴族の一員となったベン・ハーは、そこで得た力でメッサラと対決し、殺すことに成功する。その後、ローマ統治のための新しい統治者（＝ローマの手先）になるように求められるのだが、彼はこれを拒否して、

「メッサラはいい奴でした。ローマが彼を滅茶苦茶にしたのです」

と言い放ち、自分のローマ貴族としての地位を捨てる。

このときベン・ハーと対話しているのは、キリスト処刑時にローマから派遣されていた総督ピラトである。ピラトはベン・ハーの答えに対して、

「偉大な力とはそういう結果を生むこともある。だが大抵の場合は偉大な力に従っていたほうが得策だ。現代なら、それはローマだ。だが従えないなら、好きにしろ」

と返答する。鷹揚《おうよう》な答えだが、ローマの属州施政の方針がこの台詞《せりふ》にも表われている。古代の帝国ローマは、統治の難しい地であるユダヤ王国に対しては、基本的にはヒステリックに自らの意思を押しつけないという方針だった。

ローマ人であるメッサラはローマで学んだ五年間のうちに、親ユダヤの信条をすっかり洗い流されてしまった。一方、ユダヤ人のベン・ハーは、ローマの生活を身に染みて体験

しながらも、最後の段階でローマ帝国による統治に加担することを拒否する。ベン・ハーのこの選択こそ、民衆の支持を得るヒーロー役にふさわしい。大きな力であるからといって、祖国を忘れて外国に頭《こうべ》を垂れる人間は、結局はその土地の土着の人々の、地に足の着いた支持は得られないものである。

『ローマ人の物語』（新潮社）などの著作で知られる塩野七生《しおのななみ》氏によれば、ハリウッド製のローマ映画は、ほとんどが「反ローマ」なのだそうだ。その理由はアメリカがキリスト教社会であり、キリスト教があまり広まらなかった初期段階のローマ帝国に対して反感があるからだという。

しかしそれ以上に、『ベン・ハー』に主演しているチャールトン・ヘストンは、アメリカに根付いて現実の社会を動かしている各種の政治思想の中でも、リバータリアンと呼ばれる本物の民衆の保守思想を体現している俳優である。

彼はマイケル・ムーアのドキュメンタリー『ボウリング・フォー・コロンバイン』でNRA（全米ライフル協会）前会長の頑迷な保守の立場としてインタビューを受けていた。ムーアの映画では悪役だったが、本当は「自分たちのことは自分たちでやっていく。いくら良い制度だからといって上から押しつけるな。外国にも余計な手出しをするな」という、外国人の私たちにとって真に注目し応援すべき立場の人である。詳しくはディビット・ボウツ『リバータリアニズム入門』(副島隆彦訳、洋泉社)や、副島隆彦『世界覇権国アメリカを動かす政治家と知識人たち』(講談社)を参照されたい。

『ベン・ハー』は、何者の支配をも拒否する頑固なユダヤ人の歴史と、こうしたアメリカで育った独立不羈《ふき》のリバータリアニズム思想とが相俟《あいま》ってできた骨太の作品なのである。

◆『オリバー・ツイスト』――アメリカにおけるユダヤ人・フェイギン像の変転

ユダヤ人といえば、私にとっては小学校時代に読んだディケンズの『オリバー・ツイスト』であり、それに出てくるフェイギンを、どうしても思い出してしまう。フェイギンは泥棒の大本締め、プロデューサーであり、浮浪児たちを拾ってきては泥棒の技を教え込み、大勢の子供たち(「いい子だ! いい子だ! わしの子供たち!」とフェイギンは、わが子のように言う)に自主的に盗みを働かせて上がりをいただくのである。

現代でいえば、ジョージ・ソロスとその部下たちのようだ、と言えば大袈裟か。

原作者のディケンズは、フェイギンを留保のない醜い悪党として描き、何度も「フェイギン」ではなく「ユダヤ人は」という言い方で物語を書き進める。そのあげくにフェイギンは捕まり、裁判にかけられ、最後には死刑にされてしまう。

ヴェルナー・ゾンバルトによれば、『オリバー・ツイスト』の作者ディケンズは、最もイギリスの民衆に近い感覚の持ち主であるそうだ。

わたしは大物の労作、仕事を資料として用いるのは、全く誤っていると思っている。こうした大物はほとんどの場合、特別の集団（民族、人種、階級）に属することなく、おのれ自身だけの、全く独特の性質を示しているか、あるいはせいぜい時代全体を表現しているからだ。民族性を推論しようとするなら、ドイツ詩人ではゲーテでなくしてウーラントを、ユダヤ人哲学者では、スピノザでなくして、マイモニデス、メンデルスゾーン、あるいはジンメルを、そしてイギリスの作家では、シェイクスピアでなくして、ディッケンズを取り上げるべきだ。

（『ユダヤ人と経済生活』397p）

小説家であり、すぐれた歴史の観察者であったシュテファン・ツヴァイクも『三人の巨匠』の中で、

「チャールズ・ディケンズがどれほど当時の人に愛好されたかは、本や伝記作者にたずねてもわかりはしない」

「彼の小説は完全に当時のイギリスの嗜好と一致している。イギリスの伝統の具象化である」

と、その時代との一致性に太鼓判を押している。

ディケンズのユダヤ人観を、そのまま当時の民衆のユダヤ人観と置き換えてもかまわないということになる。だがそれは、別な意味において、現代でも変わらない、と私は考えている。人類の持つ光り輝く一典型人たるシェイクスピアのシャイロックは有名すぎて、もはや誰にもそのキャラクターを変更することはできないが、ディケンズの生み出したフェイギンは、その描かれ方において、いまだに変転しつづけているからである。『オリバー・ツイスト』は何度も映画化されているが、最も原作に忠実なのは1948年のイギリス製である。名優アレック・ギネスが、醜悪なフェイギンを演じていて迫力満点である。

ところが、アメリカのユダヤ人に支配されたハリウッドは、イギリス製『オリヴァー・ツイスト』のこの結末が、どうにも我慢がならなかったらしい。1912年以来、映画化される都度、フェイギンの描き方には手心が加えられて、どこか親しみやすいキャラクターに変わっているのだ。

1933年の『オリバー・ツイスト』では、留置所に入ったフェイギンにオリバーを面会させて、歪《ゆが》んではいたけれど子供に愛情を持っていた哀れな老人としてフェイギンを描き、その別れのシーンを感動的に演出している。オリバーの連れ添いの乳母《うば》が「彼（フェイギン）の（魂は）救われました」とオリバーを安心させたところで幕が降りるというエンディングである。

全国のDVDレンタル店で最も手に入りやすいであろう、1968年の作品『オリバー！』（英、『第三の男』などのキャロル・リードが監督）では、ラストは何と、フェイギンは捕まらずに、子供と手を繋《つな》ぎながらステップを踏んで、

「これからも盗みはやめられない♪　次はどこに行こう」

と歌い出して去っていくのである。

この作品を原作にとったディズニーのアニメ『オリバー　ニューヨーク子猫物語』（1988年）はもっと大胆だ。このアニメの中のフェイギンは悪党ですらなく、主人公たちと一緒にヒロインを助ける冒険をして、醜いけれど愛すべき浮浪者として裕福な家の台所に立ち、一緒に料理までしてしまう。

ちなみに当時のディズニーの最高経営責任者は、ユダヤ人マイケル・アイズナーで、アイズナーは徹底した商業主義の映画づくりで、ディズニーを立て直した、やり手にして大いに憎まれている世界の大金持ち（ビリオネア）たちの一人である。

もちろん映画である以上、原作の改竄《かいざん》、改変は、常についてまわる問題だ。

2004年の『トロイ』でもトロイ戦争のストーリーが思い切って変更されていて結果的に評判が悪かった。ヘレネを連れ去ったパリス王子は最後まで生き延びるし、アガメムノンはアキレスに殺されてしまう。トロイ陥落の瞬間までアキレスが生きているし、狂って自刃するはずのアイアスは戦死してしまう。

でもそれにしても『オリバー・ツイスト』のラストの何度にもわたる変更は頑固なものであり、次元が違う。原作のラストを何度も変えてでも、自分たちの良いイメージを流布させよう、という彼らの根性は大いに見習うべきなのかもしれない。ユダヤ人によって主に運営されているハリウッド映画産業は、アメリカのメディアの総本山でもあるのだ。

◆『ワンス・アポン・ア・タイム・イン・アメリカ』――本当の主人公はマックス

(Once Upon a Time in America／1984年／204分／監督：セルジオ・レオーネ／出演：ロバート・デ・ニーロ)

「むかしむかし、アメリカで……」というタイトルのとおり懐旧《ノスタルジア》の想いでくくられた、この長大で、ともすれば間延びした展開にも感じるこの映画の魅力を、私は長い間理解できなかった。名作であることは分かるし、オカリナの音のテーマは美しく、画面構成は立派だが、ギャング映画にしては煮《に》え切らない退屈な作品だと思っていた。

この映画を本当に楽しむためには、主人公のヌードルズ(ロバート・デ・ニーロ)ではなく、親友のマックス(ジェイムズ・ウッズ)に注目しなければいけない。本当の重要人物は、ヌードルズをナンバー2として補佐しながら、彼を騙《だま》して長い間刑務所生活を送らせ、密造酒等のビジネスを大いに成功させたうえに、最後にはその過去を隠し通して財団の理事長にまでのしあがり、政財界に影響力を振るったマックスのほうなのだ。

そのモデルはユダヤ系ギャングの大物、マイヤー・ランスキー。ランスキーは『ゴッドファーザーII』など、いくつかの映画でも題材として取り上げられているが、『ワンス……』も、実はそうした作品の一つとして見ることができる。

ラッキー・ルチアーノやフランク・コステロなど、イタリア系ギャング組織の中にあって、ユダヤ人ながら経理とビジネスに才能を発揮して、目立たないながらも常に組織の中で最高に重要な位置にいた人物である。「我々はUSスチールよりも大きい」という台詞が、後世にも伝わっている。

監督のセルジオ・レオーネは小説『ギャングたち』を原作にしながらも、独自にニューヨークのローワー・イーストサイドのならず者たちに取材をし、ユダヤ人ギャングについての文献を読み込んで素材をかき集め、バグジー・シーゲルやマイヤー・ランスキーなどの伝説的なユダヤの大物たちを、映画の登場人物の造形に盛り込んでいった。

クリストファー・フレイリングによる浩瀚《こうかん》な伝記『セルジオ・レオーネ』（フィルムアート社）の中で、レオーネの言葉として以下のような証言がある。

ユダヤ人ギャングは、非常に悪質な奴でさえ、年を取るにつれてとても敬虔な信者になる、〈中略〉例えば、メイヤー・ランスキーもそうだった……ランスキーは七十歳で病気になったとき、イスラエルにある約束の地で死んで埋葬されるために、すべて足を洗う決心をした。〈中略〉この話に私は惹き付けられた。というのも、この話は、私が監督した映画の最終場面でのマックスの行動に信憑性を与えるものだったからだ。マックスは罪の意識でぼろぼろになっていて、親友の赦《ゆる》しが必要だと感じている。

（『セルジオ・レオーネ　西部劇神話を撃ったイタリアの悪童』442p）

ロシア移民のユダヤ人として設定されている主人公たちの中で一人だけ、マックスはランスキーと同じくポーランド移民のユダヤ人に設定されている。彼を中心に見ていけば締まりのある面白い映画になるのであって、騙されて拘置所に入れられて、女も寝盗られるヌードルズ（デ・ニーロ）は、単なる語り部、狂言回しなのである。

『ワンス……』は、1920年代から1960年代にわたるアメリカ・ニューヨークの、ユダヤ系ギャングたちについての物語である。アメリカのギャングを構成している人種層には、イタリア系、アイルランド系、ユダヤ系に大きく分かれている。これらの人々は、

陥《おとしい》れられた主人公

Photo 12／APL

この映画の本当の主人公は写真のヌードルズ（ロバート・デ・ニーロ）ではなく、ナンバー２として彼を補佐し、そして陥れたマックス（ジェイムズ・ウッズ）だった。そのモデルはユダヤ系ギャングの大物、ランスキーである。

白人の中でも下層白人に位置づけられていた人々であって、アメリカの本質は差別社会なのだ。黒人差別だけでなく、白人たち同士の間にも厳しい人種間・民族間対立が存在していて、日本にいると想像するのは大変難しいが、この白人内部の争いを研究し理解することが、本物のアメリカ理解の勘どころであるのだろう。

アイルランド系のギャングを描いた作品としては、2002年に『ギャング・オブ・ニューヨーク』という映画があった。イタリア系ギャングについては有名な『ゴッドファーザー』がある。『ゴッドファーザー』のストーリーにもみられるように、シカゴやニューヨーク、ラスベガスなどの大都市を押さえて最終的に勝ち上がったのはイタリア系ギャングであった。

実際のマイヤー・ランスキーはイタリア系ギャング組織の中で出世していったが、映画の中のマックスは、主人公たちが老年期に入った最後の最後の場面で、今までの自分の名前や身分をすっかり隠蔽《いんぺい》して、表世界の実力者になりおおせていたことが明らかにされる。ユダヤ人の哀しくもしぶとい一つのあり方が、ここに暗示されている。

自衛隊を呆《あき》れさせたユダヤの軍人

以上のように『ベン・ハー』では、他の支配を肯《がえ》んじない頑固さ。『オリバー・ツイスト』では、ユダヤ人に対するイメージを繰り返し修正しようとする執拗さ。臆面もない自己宣伝ぶり。『ワンス・アポン・ア・タイム・イン・アメリカ』では、ビジネスで成功する隠れユダヤ人の一典型像、という要素に注目して拾い出してみた。

ちなみに米国・ロックフェラー一族も、実は出自をひた隠しにしたユダヤ人ではないか、とする見方が、今もささやかれ続けている。

ユダヤ人と多少でも面識のある人に話を聞くと、皆一様にそのがめつさや、さほど他者を顧《かえり》みない強引さを指摘する。かつて地政学者として一世を風靡《ふうび》した倉前盛通《くらまえもりみち》氏も、『悪の論理』（角川文庫）の中で、以下のような例を紹介している。

> 現在のイスラエルという小さな国は、二千年前、亡国の悲運に見舞われ世界を放浪していたユダヤ人たちが世界各地から集まってきて、第二次大戦後、つくりあげられたものであるが、ユダヤ人特有の激しい自己主張と自己正当化癖のために、おこさなくてもよいゴタゴタをしきりにひきおこしている。〈中略〉この強引な自己正当化

は、アラビア人よりもユダヤ人のほうがもっと強いという人もある。先ごろ、米国への訓練のために派遣された自衛隊の諸君が、たまたま、イスラエルから訓練にきていた下士官たちと同じ宿舎になった時の話をきいて興味を持ったことがある。

とにかく、イスラエルの兵士や下士官の傍若無人さと傲慢《ごうまん》な自己正当化癖は、おとなしくて規律正しい日本の自衛官を唖然《あぜん》とさせたらしい。あまりのことに呆《あき》れはてた日本の将校が米国の将校に『ユダヤ人の兵隊が、あんなに粗暴で柄《がら》が悪いとは思わなかった』と話したところ、米国の将校はいまさら何をいうかという顔をして『あたり前じゃないか。ユダヤ人は昔からそうなのだ。今ごろ気がついたのか』と答えたそうである。

この辺に日本人の国際認識の甘さがあるのだろう。私なども、この話をきいて、ユダヤ人問題に対する認識を新しくした。（『悪の論理』121p）

結論として、世界の荒波から身を守り、さらに踏み込んでお金を稼ぐには、このくらい悪人にならなければならない、ということなのだろう。愛すべき、心根の優しい日本人にそれができるのかどうか、私には分からないが、せめてこれらの生きた実例を見習うことで、多少はその術《すべ》を身に付けることができると思う。

あとがき

この本は、私が主宰する副島国家戦略研究所（SNSI）の第一回論文集である。私の弟子の一騎当千の研究員たちが各々《おのおの》、「ユダヤ思想について」の優れた論文を寄稿してくれた。

この一冊で、「現代ユダヤ思想論の集成」になっており、「ユダヤ人とはこういう人々である」の網羅的な解説になっている。本書の英文タイトルは、'The Spirit of Jewish Capitalism'『ユダヤ資本主義の精神』である。私がつくった書名である。「近代資本主義《モダン・キャピタリズム》の精神《スピリット》をつくったのは、キリスト教のプロテスタントではなくて、実はユダヤ商人たちのユダヤ思想だったのだ」という衝撃的な理論が、本書によって登場することで、日本の文科系の学問世界（政治学、経済学、社会学）がこれから大きく変貌を遂げてゆく。

プロテスタンティズム（カルヴァン派）の「勤勉《きんべん》の哲学」が、近代資本主義をつくったのではない。ということになると、日本の江戸時代の「勤勉の哲学」（二宮尊徳《にのみやそんとく》やら鈴木正三《すずきしょうざん》）が、日本の近代資本主義を準備したのだ、という山本七平《やまもとしちへい》氏と、私の先生の小室直樹《こむろなおき》先生、そして大塚久雄《おおつかひさお》の学説「大塚史学」は大間違いということになる。ガラガラと崩れ去る。今や崩れ去るべきである。

コツコツと勤勉に働いて、普通の人の三倍努力すれば金儲けができ、富裕者になれるのなら、それはたいていの人にできることである。ところが現実にはそういうことはない。勤勉だけで人は金持ちにはなれない。

プロテスタンティズムの思想を大成させたマルチン・ルターとジャン・カルヴァンが唱えた職業召命《しょうめい》観、すなわちベルーフ Beruf（英語では Calling《コーリング》）、神《ゴッド》の声に従い己《おのれ》の天職をまっとうせよ、が、カトリック思想を打ち破ったと考えることも再度、疑ってかからなければならない。

資本主義は、太初《はじめ》からずっとユダヤ人の精神で彩《いろど》られており、どこの国でもユダヤ人的な人格を、生まれながらに備え持っていた人々によって荷負《にお》われてきたのである。命懸《いのちが》けの極度のケチ（守銭奴）になりきらなければ金は貯《た》まらない。かつ、企業経営者として成功する人々は、将来予測に、先見《せんけん》という独特の投機家（バクチ打ち）の才能を持っていなければならない。それだけではなく、もともとユダヤ人の思想を身に付けていたのである。それは『ユダヤの商法』（1972年、ベストセラーズ刊）を書いた、日本マクドナルドの創業者の藤田田《ふじたでん》氏が、私たちに教えていたことである。

私たちが金儲けをして、裕福な生活を送りたければ、ユダヤ人の生き方に学ばなければならない。彼らの非情さ（合理《レイシオ》と理性《リーズン》）こそは、これからの日本人が真剣に学び、受け入れてゆかなければ済まされない。そうしないと、ますます日本は衰退《すいたい》（decline　デクライン。成長《グロウス》の反対）を続け、惨《みじ》めになる。

私たち副島国家戦略研究所は、どこの公共団体や大組織にも頼らない在野の研究機関である。不偏不党の立場で、日本国民の利益に資《し》することだけを目標として、今後も研鑽《けんさん》を重ねてゆく。さらに多くの、学問的に恵まれない境遇、人生環境にある俊秀の結集を待ち望む。彼らを続々と知識人、言論人として育ててゆくことが私に残された仕事である。ある年齢になったら、人を育てることだけが大事だ。

この本を編むにあたっては、祥伝社書籍出版部編集長の角田勉氏にお世話になった。私たちの研究所を次々に襲う苦難（例えば国税庁、税務署との闘い）の中で、根気強くつきあってくださった。記して感謝します。

２００５年１月

副島 隆彦

ユダヤ人とユダヤ思想史年表

前63年	イスラエル王国がローマ帝国の支配下におかれる。
前４年頃	イエス・キリスト誕生。
30年頃	イエス・キリスト処刑。
66年	第一次・対ローマ戦争。
70年	ローマ軍がエルサレムの神殿を破壊。イスラエルの亡国（ディアスポラ・離散の始まり）。
90年頃	ヘブライ語聖書（旧約聖書）が結集される。
132年	バル・コクバの反乱（第二次・対ローマ戦争、135年まで）。
220年頃	ユダヤ人ラビの口伝（くでん）律法である「ミシュナー」が編纂される。
325年	第１回ニケア公会議で、三位一体説が公式の教義となる。反対したアリウス派が異端宣告を受ける。
390年頃	エルサレム・タルムードの結集。
490年頃	バビロニア・タルムードの結集。
529年	東ローマ帝国皇帝ユスティニアヌスが、アテナイの哲学院を廃止。欧州からギリシャ哲学の伝統が途絶える。
622年	イスラムの成立。マホメッドの聖遷。
830年	「知恵の館」の設立。ギリシャ哲学をアラビア語に翻訳。後にキリスト教世界には、アラビア語からラテン語に翻訳された文献が入った。
1078年	ローマ教皇グレゴリウス７世、ユダヤ人の公職追放令を発布。
1096年	十字軍はじまる。

〈年表①〉

1175年	イスラム哲学者、イブン・トゥファイル『ヤクザーンの子ハイイ（目覚めた者＝神の息子）の物語』を出す。元祖『ロビンソン・クルーソー』である。後の人文主義者ピコ・デラ・ミランドラ、ライプニッツらの啓蒙主義の時代によく読まれた。
1179年	第3回ラテラノ公会議。利子を取る者は、キリスト教徒として埋葬しないと決議。
1190年	隠れユダヤ人・マイモニデスが『迷える者への手引き』をアラビア語で書く。
1204年	「マイモニデス事件」が発生。マイモニデスの合理主義に対する批判からカバラを生む。デヴィッド・キムヒが『迷える者への手引き』をアラビア語からヘブライ語に翻訳する。
12世紀後半	スペインでカバラ神秘主義『バヒルの書』(光明の書）が出る。
12世紀後半～13世紀前半	キムヒ一族の新文法がヘブライ語学習の主流となる。後に宗教改革者はみな、キムヒ家のヘブライ語文法・聖書釈義を参照する。
1234年	ドミニコ会の訴えで『迷える者への手引き』焚書処分となる。
13世紀後半	スペインでカバラ神秘主義最大の経典『ゾハル』(光輝の書）が出る。
1305年	キリスト教カバラ、ラテン名：ライモンドゥス・ルルス（スペイン名：レイモン・リュール)『大いなる術』が成立する。
1349年	ヘブライ語版のイブン・トゥファイル『ヤクザーンの子ハイイ（目覚めた者＝神の息子）の物語』が出る。

〈年表②〉

1391年	ユダヤ人への大量虐殺（ポグロム）が起きる。ユダヤ教徒がキリスト教に大量改宗。マラーノの発生。
1396年	マヌエル・クリュソロラスがフィレンツェでギリシャ語講座を開設する。
1455年	グーテンベルグが活版印刷を発明。ラテン語によるグーテンベルグ版聖書を出版。
1471年	クリュソロラス『ギリシャ語文法』。
1492年	イスラムのグラナダ王国陥落（スペイン再征服）。ユダヤ教徒強制改宗。 コロンブス（改宗ユダヤ人説あり）が西インド諸島に到着（発見）。 ＊この年を「近代ユダヤの開始」と見る説がある。
1498年	「武器を持たない預言者」修道士ジロラーモ・サヴォナローラがフィレンツェで火炙り刑になる。ヴァスコ・ダ・ガマ、インド航路を発見。
1506年	人文主義者ロイヒリンがデヴィッド・キムヒの文法と聖書釈義を参考にして『ヘブライ語の基礎知識(de Rudimentis Hebraicis)』を出版。
1511年	人文主義者エラスムス『痴愚神礼讃』を出す。
1512～17年	第5回ラテラノ公会議。利子を取る貸金を認める。
1513年	マキャヴェッリ『君主論』。
1517年	ルター、95箇条提題（宗教改革の始まり）。人文主義者ロイヒリン『カバラの術について』(初版)。
1522年	ルター、ドイツ語版『新約聖書』を出す。エラスムス等が協力。

〈年表③〉

1524年	エラスムス『自由意志論』。
1525年	ルター『奴隷意志論』。エラスムスが離反。
1526年	人文主義者メランヒトン『最近ニュルンベルクで設立された学校の学事規定』。
1533年	ベルギー・アントワープに欧州初の商品取引所が生まれる。85年、スペインに占領され崩壊。プロテスタントを中心にオランダ・アムステルダムに逃亡。
1534年	ルター、ドイツ語版「旧約聖書＋新約聖書」を出す。メランヒトン等が協力。
1536年	カルヴァン『キリスト教綱要』(初版)。
1543年	ルター『ユダヤ人と彼らの嘘』(反ユダヤ本)。
1546年	ルター死去。
1554年	イタリアのヴェニスに、初のゲットーができる(1516年説もあり)。
1555年	ポルトガル・マラーノ出身のイエズス会士ルイス・デ・アルメイダが平戸に到着。カトリック教皇パウロ4世の勅令。ユダヤ人の恒久的隔離、ゲットーへの居住強制。
1560年	カルヴァン『ジュネーブ聖書』。デヴィッド・キムヒの聖書釈義を参照。
1564年	カルヴァン死去。
1568年	オランダ独立戦争開始。
1581年	オランダがスペイン王への「忠誠破棄宣言」をする。近代憲法典、人権宣言の原型。
1597年	マラーノの女性マヨル・ロドリゲス夫人と娘のマリア・マネスがアムステルダムに到着。
1598年	オランダ、アムステルダム保険院設立。保険業の開始。

〈年表④〉

1602年	オランダ、東インド合同会社（コルポラツィオーン）を設立。最初の近代的株式会社という説がある。
1604年	オランダ、アムステルダム証券取引所開設（？）。
1609年	オランダとベルギーがスペインから事実上独立。アムステルダム振替銀行開店。
1621年	オランダ、西インド合同会社を設立。
1625年	グロティウス『戦争と平和の法』。異宗教・異宗派間の「相互信頼と寛容の精神」訴え。
1632年	レンブラント「テュルプ博士の解剖学講義」を発表。
1637年	オランダのチューリップ相場暴落。
1648年	ウエストファリア条約によりオランダ独立戦争が終わる。各国王ごとの信教の自由が成立。英国、ピューリタン（清教徒）革命、第２次内戦。レンブラント、銅版画「シナゴーグのユダヤ人」を発表。 ＊この年を「近代欧州の開始」と見る説がある。
1656年	ポルトガル・マラーノ出身のスピノザが、アムステルダムのポルトガル人共同体から破門される。
1667年	レンブラント「ユダヤの花嫁」を発表。
1671年	イブン・トゥファイル『ヤクザーンの子ハイイの物語』がオックスフォード大学出版局より『独学の哲学者』という題で、ラテン語版付きのアラビア語テキストが出される。続いて英語版、オランダ語版、ドイツ語版などが出される。ジョン・ロックが、この本の「タブラ・ラサ」という思想から

〈年表⑤〉

	「自然権」の着想を得る。
1675年	スピノザ『エチカ』完成（77年の死後に出版）。
1679年	グロティウス『旧・新約聖書注解』。
1719年	デフォー『ロビンソン・クルーソー』。
1762年	ルソー『エミール』。
1789年	フランス革命。
	ジェレミー・ベンサム『道徳および立法の諸原理序説』。
1791年	フランス国民議会がユダヤ人解放を決議。
1800年	マイヤー・アムシェル・ロスチャイルドがオーストリアの帝室御用係に。
1847年	イギリスがユダヤ人に公職を開放。
1851年	ポール・ジュリアス・ロイターがロンドンでロイター通信を設立する。
1870年	イタリアでゲットー廃止。
1894年	ドレフュス事件。
1905年	マックス・ヴェーバー『プロテスタンティズムの倫理と資本主義の精神』。
	日露戦争（クーン・レーブ商会の総支配人ジャコブ・シフが日本の国債を引き受ける）。
1911年	ヴェルナー・ゾンバルト『ユダヤ人と経済生活』。

製作／関根和啓　〈年表⑥〉

〈主な参考文献〉
『わかるユダヤ学』手島勲矢編著、日本実業出版社、2002
『スペインを追われたユダヤ人』小岸昭、人文書院、1992
『決然たる政治学への道』副島隆彦、弓立社、2002
『アメリカの秘密　ハリウッド政治映画を読む』副島隆彦、メディアワークス、1998

根尾知史（ねお・ともし）
1972年（昭和47年）北海道生まれ。獨協大学法学部卒。教育会社の営業職を4年半務めたあと渡米。国際関係学のMA（修士号）とMBAを取得。帰国後、外資系金融会社に勤務する。

庄司　誠（しょうじ・まこと）
1969年（昭和44年）大阪生まれ。関西大学法学部卒。シティ・ホテルに勤務するも3年で退社。1年後に港湾事業の会社に入社、現在にいたる。

首藤良尚（すどう・よしなお）
1974年（昭和49年）名古屋生まれ。本名・須藤喜直。白鷗大学法学部中退。もともと映画好きだったが、副島隆彦の100％政治の視点から映画を語る方法論に感じ入り、その方向で研究を進める。

執筆者略歴

山田宏哉（やまだ・ひろや）
1981年（昭和56年）生まれ。早稲田大学社会科学部卒。作家修業中。ボクシング・太極拳などの闘技をたしなむ。

伊藤睦月（いとう・むつき）
1959年（昭和34年）福岡県生まれ。地方公務員。仕事のかたわら、歴史や社会科学関係の本に親しむ。副島隆彦主宰のホームページ「学問道場」に啓発され、執筆を始める。

日野貴之（ひの・たかゆき）
1964年（昭和39年）愛媛県生まれ。東大大学院理学系研究科修士課程修了。常葉大学准教授。中国史、ヨーロッパ史を題材に、宗主国と従属国の関係（属国理論）のケーススタディを調査。

吉田祐二（よしだ・ゆうじ）
1974年（昭和49年）千葉県生まれ。千葉大学大学院修士課程中退。取説（マニュアル）制作会社に勤務し、2001年にオランダへ企業駐在員として赴任。大学では生物学を専攻したが、SNSI 参加後は、政治経済思想の分野を、幅広く研究する。

関根和啓（せきね・かずひろ）
1964年（昭和39年）福岡県生まれ。桜美林大学経済学部卒。SE・プログラマー。XML マスタープロフェッショナルの資格を取得し、現在、データ連携プログラムに取り組んでいる。

切りとり線

★読者のみなさまにお願い

この本をお読みになって、どんな感想をお持ちでしょうか。祥伝社のホームページから書評をお送りいただけたら、ありがたく存じます。今後の企画の参考にさせていただきます。また、次ページの原稿用紙を切り取り、左記まで郵送していただいても結構です。

お寄せいただいた書評は、ご了解のうえ新聞・雑誌などを通じて紹介させていただくこともあります。採用の場合は、特製図書カードを差しあげます。

なお、ご記入いただいたお名前、ご住所、ご連絡先等は、書評紹介の事前了解、謝礼のお届け以外の目的で利用することはありません。また、それらの情報を6カ月を越えて保管することもありません。

〒101-8701（お手紙は郵便番号だけで届きます）
祥伝社新書編集部
電話03（3265）2310
祥伝社ホームページ　http://www.shodensha.co.jp/bookreview/

★本書の購入動機（新聞名か雑誌名、あるいは○をつけてください）

＿＿＿＿新聞の広告を見て	＿＿＿＿誌の広告を見て	＿＿＿＿新聞の書評を見て	＿＿＿＿誌の書評を見て	書店で見かけて	知人のすすめで

★100字書評……金儲けの精神をユダヤ思想に学ぶ

名前

住所

年齢

職業

金儲《かねもう》けの精神《せいしん》をユダヤ思想《しそう》に学《まな》ぶ

副島隆彦《そえじまたかひこ》＋SNSI 副島国家戦略研究所《そえじまこっかせんりゃくけんきゅうじょ》

2018年7月10日　初版第1刷発行

発行者……………辻 浩明
発行所……………祥伝社しょうでんしゃ
〒101-8701　東京都千代田区神田神保町3-3
電話　03(3265)2081(販売部)
電話　03(3265)2310(編集部)
電話　03(3265)3622(業務部)
ホームページ　http://www.shodensha.co.jp/

装丁者……………盛川和洋
印刷所……………堀内印刷
製本所……………ナショナル製本

Printed in Japan ISBN978-4-396-11542-5 C0233